近代デザイン史

柏木博 監修

武蔵野美術大学出版局

凡例

・書籍、映画、舞台作品は『　』で示し、それ以外の作品はすべて「　」で示した。
・引用文は基本として、改行・一行あき・一字下げて示した。短い引用文については、本文中に組み込み、《　》で示した。
・キーワード、強調する言葉は「　」で示した。
・第一章から第七章は本文組みの下にスペースを設け、文中に登場する人名の綴りと生年・没年を示した。
　第二章から第七章については、作品制作にかかわった人のみを示した。
・巻末に人名索引をもうけ、ファミリーネームを五〇音順に示した。
・参考文献・引用文献は各章ごとに、章末に示した。

目次

序論　デザイン史の現在

柏木博

たとえば、日常的な言説として、デザインはますます美術との境界が曖昧になってきているということが語られてすでに久しい。こうした言説に対して同意を求められると、デザイン史を含めてさまざまなデザインの領域からは、即答できずに何かしら複雑な思いと揺らぎを感じるに違いない。

それは、いまだに美術という領域がデザインとは異なったものであるという近代的な思考にとらわれているからかもしれない。また、デザインにかかわってきた側からすれば、美術から距離を取られつつも、やっとみずからの領域的アイデンティティが市民権を得られつつあるようになったにもかかわらず、いまや美術と融合しつつあるという言説に戸惑いを感じるのである。ここでは、そうしたデザインの位置づけとともに、その歴史つまりデザイン史がどのように記述されてきたのか、そしてデザイン史の現在はどのようなものなのかということを見ておきたい。

デザインと美術を分類してきた近代の美術史あるいはデザイン史の視点を検討してみると、そこには、一九世紀以来、学問的に制度化されてきた美術史のあり方の一面を見ることができるように思える。

デザインをapplied artという概念で位置づけた瞬間に、それとは一線を画すfine artという概念を持ったものの場が用意されることになる。よく知られているように、いわば実利的な技術と区別して美的技術fine artという概念が出現したのは一八世紀のことだ。しかし実利的技術としてのapplied artがより明確な領域として示されるようになったのは、一九世紀の前半、産業革命を背景にしていた。それは、産業に美術を応用することで市場の価値を高めることができるのではないかという発想によっていた。したがって、おそらく当初は実利的技術＝応用美術は、産業による製品に対しての装飾的なものを指していたのだと思われる。それが一九世紀末から二〇世紀にかけて、今日考えられているようなデザインという領域を形成していった。

しかし、実利的技術＝応用美術としてのデザインという概念が定着することによって、fine art としての美術は、その関係性によって位置づけがより明確に認識されるようになったことは間違いない。

かならずしも同じだとはいえないが、たとえば、オリジナルとコピーという概念もまたそれぞれの関係性によっている。つまり、コピーの存在によってしかオリジナルという概念はその存在を明確にすることはできない。コピーが出現することではじめてオリジナルが保証されるのである。こうした関係性は、デザインと美術の間でも存在してきたのではないか。「応用美術」という存在が規定されることで、「純粋美術」が保証される。美術史という学問の制度化が一九世紀に誕生したことは、このように美術の諸形態（領域）を分類する思考のあり方がはっきりと示されたことと関連している。

自律を指向する領域

実利的技術＝応用美術として位置づけられたデザインは、しかし、二〇世紀においては、美術領域へと参入することなく、みずからの独自性と領域的自律を主張してきたように思える。みずからの領域的アイデンティティを獲得しようとしてきたともいえる。たしかに、デザインは美術とは異なって、産業社会の市場の原理により適合した価値とかかわってきた。製品のデザインであれ、製品に関する広告のデザインであれ、それらは商品（製品）の交換価値を演出するものであった。このように考えられるかぎり、商品（製品）とデザインはその善し悪しは別として不可分であるが、商品（製品）とデザインとの結びつきは恣意的である。つまり、椅子という商品（製品）は何がしかのデザインを有しているが、そのデザインは、どのようにでも交換可能である。椅子のデザインは恣意的であり、使用者にとってそのデザインの好みはあるにしても、椅子として交換可能である。つまり、どのようにでもデザインされうるし、それらのデザインは相対化されるということだ。

こうした商品とデザインの恣意的関係は、美術作品においては、多くは適合しにくいように思える。仮に美術作品が商品であることは否定できないとしても、作品は作品一般として、表現が交換可能とは考えにくい。ウォーホルの「エルヴィス」は、シルクスクリーンという稚拙ではあるがインダストリーな手法（ウォーホルは、他の版式ではなくシルクにしたのはインダストリーな雰囲気を持っていたからだと語っている）によっているにしても、インダストリアルな商品とはどうも異なっているように思える。ウォーホルがどれほど古典的な美術の唯一無二性を否定したにせよ、作品「エルヴィス」は、あのエルヴィスによって作品「エルヴィス」であるからだ。もちろん、ウォーホルはいくつもの作品「エルヴィス」のヴァリエーションをつくることは可能であったが、たとえそうだとしても、それぞれは交換不能である。

したがってデザインは、市場の価値システムのあり方から逸脱しない範囲に置かれている。たとえあるデザインが市場的に効果をあげられないまま終わったとしても、それは当初から市場のシステムをまったく逆説的にではあれ、意識せずに実践されたものであるということは、希有なことである。

価格は、価値をとりあえず表示するものと考えられている。デザインは、美術のような価格を付けられることは通常ありえない。このことは、デザインと美術の市場における価値の違いを、経験的に振り返ってみたまでにすぎない。デザインと美術について、それぞれ自己言及的に語るのではなく、市場という社会的な枠組みで見てみると、そこには、相変わらず領域の違いが存在していることがわかる。

たしかに、冒頭で述べたように今日ますます美術とデザインの境界は、その表現ということからすると曖昧になっているように見える。それは、デザインがつねに時代の表現を取り込んでいく結果でもある。また、美術は、境界を越境することによってみずからの帰属を希薄化させる危機を犯しつつ、逆にそれをみずからの存在を社会的に再認識させる力へと転化し続けている。そうしたことの結果として、デザインとの境界が曖昧になってきたということもあろう。美術とデザインの境界だけでなく、美術は今日、マンガなどの境界をも希薄化することで、逆にみずからの存在を強調している。

こうしたことは二〇世紀のデザインと美術においては、早い時期からあったことだともいえる。二〇世紀前半の広告やデザインは、さまざまな同時代の美術を少なからず引用している。美術もまた、たびたび日用品や工業製品を作品として転用している。したがって、デザインと美術をめぐるこうしたさまざまな現象と、その歴史を無視して、冒頭で述べたようにデザインと美術の境界は消えつつあるという言説に対しては、無媒介的に同意するには少々の居心地の悪さを感じざるをえないのである。その居心地の悪さは、一九世紀に美術の諸形態の分類によって出現したアカデミックな美術史の意識を反映し続けているのかもしれない。

デザイナーのプレゼンテーションと技術決定論

　ところが、そういったにもかかわらず、デザインという領域を美術という領域に組み込むことに対する抵抗感は、少しずつ薄らいでもいる。それは、デザインや美術を体験する場での現象とは別に、それらの歴史を扱う視点が変化しつつあるためだと思える。デザインや美術といった領域の歴史にかぎらず、久しく、歴史研究は隣接領域との協働あるいは他領域からの概念の援用や方法論モデルの応用を自在に行なうことで、領域の拡大とともに、領域の境界を壊し、越境することが行なわれてきた。そのことによって、歴史はより新たな問いの可能性を見出してきた。

　たとえば、かつてニコラス・ペヴスナーによるものが、オーソドックスなデザイン史として位置づけられていた（＊1）。ペヴスナーのデザイン史は、それまでの美術史におけるいわゆる作家論的あるいは作品論的な方法をとった歴史の記述であった。また、デザインを固有の領域として扱うというよりは、美術や建築といった領域の歴史にたびたび依拠していた。この点に関していうなら、現在においては他領域への参照と解釈されうるかもしれない。しかし、かつてはデザイン史でありながら美術史ないしは建築史に依拠したものとして、いくぶん批判的に見られていた。それは、デザインが自律した固有の領域として成り立っているはずだという認識が、しだいに浸透していった時代であったということが背景にある。

　ペヴスナーのデザイン史が、かつて、もっともよく読まれていたということは、そうした視点から描くデザイン史が、デザイン史の方法としていわば中心的位置にあったということを意味する。

　たとえば、アドリアン・フォーティはそうしたペヴスナーのような視点によるデザイン史の方法論に対して批判的な立場をとる。ペヴスナーの視点や方法論について、《デザインは個々のデザイナーの経歴や公けにされた言明だけを参照しながらつくられたものを検討することによって満足に理解しうる、という仮説》（＊2）に立っているのであり、その仮説を成立させている前提がきわめて不当なものであるとフォーティは述べている。たとえて、《政治経済学が政治家によってなされた言明に照らして経済を研究するだけでなりたつ》（＊2）としているようなものだという。実際、デザイナーは自己の作品をクライアントに説得するかのように語ったテクストを記述することが多い。デザイン論とはいっても、自身の表現に距離をとれないことのほうが多いのである。それは自己の心情しか語らない政治家の言説と似ているというわけだ。それを歴史的テクストとしてそのまま受け入れていいのかというのがフォーティの意見であり、それはおそらく正当なものだといえる。

ペヴスナーとは異なった視点と方法によってデザインの歴史を描き出したのはS・ギーディオンである。デザインがデザイナー個人の観念によっているのではなく、テクノロジーと社会的な価値観とによって決定づけられてきたことをギーディオンは『機械化の文化史』(*3)で歴史的に捉えてみせた。こうしたギーディオンの方法論にフォーティは評価を与えつつも、その社会的な価値観や観念がどのようにして形成されているのかという問を持たないまま、それらの観念が決定論的に存在しているかのようにみなす、いわば、環境あるいは技術決定論的なその視点を批判している。

技術決定論への批判は一九八〇年代末から急速に広がった。典型的であったのは、一九六〇年代におけるマーシャル・マクルーハンの技術論あるいはメディア論が技術決定論であったことである。マクルーハン以前の技術論の多くは、あらたな技術は人々や社会の感覚や思考や意識の変化によって出現するというものであったが、マクルーハンは、まったく逆に、新たな技術の出現によって、人々や社会の感覚や思考や意識は変化するのだとした(*4)。技術の変化によって人々や社会は変化するのだというその視点は魅力的であり、おそらく、間違ってはいない。しかし、技術と人々や社会の関係は技術側からの一方的な流れではなく、やはり、人々や社会の変化によって技術も変化するのであり、変化にかかわる相互の要因を認めるべきだという考えが、技術決定論への批判として提示されたのである。マクルーハン以前にすでにギーディオンらによって、技術決定論的な視点からの歴史が展開されていたと、フォーティはみている。

領域の越境と多様な視点

フォーティは、ペヴスナーのデザイナー中心主義とも、ギーディオンの環境あるいは技術決定論的な視点や方法とも異なったところから、デザイン史を試みようとした。彼はデザインが、デザイナーによってだけでなく、社会的価値観、市場の論理、企業家の意識、テクノロジー、イデオロギーなどの複雑な関係の中で成立していることを前提にして、その歴史を描き出そうとする。したがって、フォーティは、デザインをめぐって出現するいくつかの問題をテーマとして捉え、その複雑な関係性の中でデザインが決定される場面をみていく。実際、当初産業社会が生み出す製品の装飾的なものとしてデザインは位置づけられ、商品の交換価値を高めるものとされたわけだが、やがてデザインこそが人々の生活様式と深くかかわることが前提となり、近代のプロジェクトとしてデザインが実践されることになると、デザインはあきらかに複雑な社会的関係性の中に位置づくことになった。フォーティはたとえば、進歩のイメージ、デザインと機械、デザインと差異づけ、オフィス、そしてそれに対する家庭、衛生と清潔、エネルギーといったテーマからデザインの変化を議論する。それらのテーマはまさに近代社会が抱えてきた観念、イデオロギー、市場の論理、そしてテクノロジーとかかわっている。

デザインと差異というテーマに関していえば、フォーティは「ジェンダー」「おとなと子ども」「階級」そして「多様性」という観念に結びつけて、デザインがどのように決定されてきたかを検討する。その展開はフィリップ・アリエスなどを引用しつつ魅力にあふれるものになっている。いずれのテーマに対しても、そこに含まれているいくつかの主要な観念を取り出し、デザインとのかかわりを検証していく。こうした視点や方法はそれまでのデザイン史ではとられてこなかった。

ペヴスナーやギーディオンのデザイン史を、まったく無意味なものだと決めつけるわけにはいかない。しかし、それらのデザイン史に欠落していた文化社会学的な視点をフォーティは持ち込んだといえるだろう。こうした視点からのデザイン史の研究は、デザインが領域として自律的なものであるかどうかは問わない。したがって、こうしたデザイン史研究の出現は、デザインを美術の領域に再度組み込むことあるいは相互の境界を超えることに対する抵抗感を希薄化させたのではないか。美術という領域も、自律して閉じられたものではなく、デザインを含む多様性を持っていると解釈することができるようになる。

さらにいえば、デザインも美術作品もともに表象として位置づけることによって、applied art と fine art という一九世紀的な領域の区分は、さほど大きな意味を持たなくなったといえるだろう。したがって、美術史とデザイン史の境界を厳密にする必要性は弱まっていく。美術史もデザイン史もその領域が拡大しているのである。

デザインを対象領域にした歴史よりも、それ以外の美術を対象とした歴史のほうが、対象領域の拡大とともに、方法も大きく変化しているように思える。漫画やアニメーション、その他、多様なサブカルチュアへと美術史は領域を広げているとともに、思想史などの領域での概念モデルを積極的に取り込むことで、美術史のこれまでの境界を超えつつある。デザインを対象とした場合もまた、美術史のそうした変化のあり方が反映されることになる。

歴史の連続性と非連続性

この二〇年ほどでデザイン史(以降、デザイン史を美術史ととりわけ区別しないので、カッコ内に美術史と入れる)が変化しているように、おそらくあらゆる領域の歴史の方法が変化しているように思える。少なくとも、過去の事実の断片を歴史的事実として集合し、それによって歴史を語る実証主義的歴史は、歴史として成り立ちにくいことが了解されていった。また、歴史がけして固定された物語ではなく、事後的に引き起こされる出来事や現象によって、たえず解釈し直されるものであるという認識も共有されてきた。

そうした中で、思想史からの影響としては、やはりミシェル・フーコーからの影響が、もっとも大きかったのではないだろうか。ミシェル・フーコーは、「歴史」という言葉を使わずに「考古学」(アルケオロジー)という言葉を使うことで、それまでの歴史解釈とは異なった解釈を実践した(＊5)。ひとことでいえば、知の断層を見つけ出し、その断層がなにゆえに出現したのかを問い、丹念に解き明かしていく作業を実践した。さきにふれたように、過去の事実の断片を歴史的事実として取り扱う実証主義的歴史意識とは異なって、こうした知の断層を見る、まさに考古学的な思考モデルをデザイン史(美術史)もまた、少なからず援用することで、それまでのデザイン史(美術史)のあり方とは異なったものへと変化した。

こうした歴史への視点は、歴史の連続的な流れを無視はしないが、むしろ、非連続的なものとして捉え直す。このことは、それまでのデザイン史のあり方を決定的に大きく変えたように思える。たとえば、一九九〇年代あたりから注目されてきたジョナサン・クレーリーによる一連の視覚文化の研究は、フーコー的な考古学モデルを前提とした視覚文化史(これはデザイン史、美術史ともかかわっている)として典型的なものであり、また、あらたな影響力を持つものとなった。

クレーリーは、カメラ・オブスキュラーとフォトグラフィック・カメラとの装置の連続性ではなく、切断に目をむけることによって、そこにはどのようなまなざしの違いが存在しているのかを問い、一九世紀から二〇世紀にかけての視覚文化の意味を議論している。クレーリーのこの議論は、これまでのデザイン史(美術史)の領域ではおそらく対象とならなかったものを対象としており、あきらかにデザイン史(美術史)の拡張を感じさせるものである(*6)。クレーリーは、写真装置を対象にするにあたって、技術史あるいはメディア史にも目をむけている。これまで、写真あるいは写真装置の歴史の多くは、フォトグラフィック・カメラ(写真機)を、暗箱であるカメラ・オブスキュラーの延長上に出現した装置であると位置づけていた。つまり、カメラ・オブスキュラーは、フォトグラフィック・カメラの先行者と捉えられている。それは、進化論的な技術決定論ではないのだろうか、とクレーリーは批判する。クレーリーの技術決定論に対する批判は、デザインの領域における技術決定論への批判として解釈することが可能である。

カメラ・オブスキュラーが、自律した世界に対する観察する主体という、対象と主体の古典主義的な関係モデルと関連していたのに対し、フォトグラフィック・カメラは、主観こそが対象としての世界を捉えているのだという近代的な思考と深くかかわっており、その点において、両者は決定的に異なったものであることをクレーリーは指摘する。こうした「切断」に知の変化を読み取る歴史への視点は、フーコー以降、はっきりとさまざまな領域へと広がったといえるだろう。クレーリーの歴史のまなざしは、あきらかに、連続的なものよりも非連続的なものへとむけられている。

多様な視覚体験

アカデミックな学問領域としての「芸術史」が、一九世紀的環境に起源を持っていることを、人々は忘れがちなのではないか、とクレーリーは指摘している。ここでいう芸術史は art history なので美術史としてもいいだろう。したがって、それはデザイン史でもある。クレーリーは、美術史の学問的制度化と一九世紀に出現してきた出来事とが不可分の関係にあるのではないかとしている。まず、第一に諸形態を時間的に配列、分類する歴史主義と進化論的モードが広がったこと。また、文化的参与権の付与の結果としての公共美術館の成立。そして、イメージの再生産の新しい連続的モードの出現によって、個々の芸術作品の高度に信頼できるコピーをグローバルに流通そして併置させた、というのである。この点に関しては、デザインは早くからコピーを広く流通させてきた。たしかに、諸形態を分類し、進化論的な成り行きで配列するという思考は、美術とデザインの領域をそれぞれ自律したものとして扱うことを促したように思える。また、公共美術館は、言うまでもなく美術の自律性や自己充足的な存在を保証した。しかし、一九世紀の絵画を自己充足的な研究対象とすることは、やはりできそうにもないというのがクレーリーの立場である。クレーリーはヴァルター・ベンヤミンがファンタスマゴリーと表現した一九世紀の消費都市における視覚体験の同時性を例示する。つまり、美術館もパサージュも、百貨店も、視覚体験装置であるという点において共通している。視覚イメージは多元的なものとなっており、相互に重なり合い、どれも自律などしていないのである。グラフィックデザインもインダストリアルデザインもさまざまなデザインもしかりである。

デザイン・美術の諸形態をそれぞれ自律したものとみなし、その展開を時間的に配列するという歴史は、今日、ますます成立しにくいものとなっている。したがって、歴史の連続性を信じてたどる物語(歴史)もまた、とりわけ近代以降のデザイン・美術においては成り立ちにくくなっている。

このことは、美術やデザインといったこれまでの領域だけにおいてのみのことではない。漫画やアニメーションについても同様である。たとえば、日本の漫画の歴史を語るとき、これまで多くは鳥獣戯画と現代の漫画を連続的なものとして語ってきた。しかし、そこには、いくつもの断絶があり、むしろ非連続的なものなのである。北斎漫画と明治期の漫画との切断の意味を問うことのほうがはるかに、歴史として豊かなものが得られるはずである。

同様に、たとえば現代の広告表現と、古代ポンペイの逃亡奴隷の告知を、歴史的連続性で語ることにも無理がある。少なくとも一九世紀に始まる近代の広告とそれ以前の商業的あるいは政治的告知とは、同一の分析方法で扱うことはできない。近代の広告は不特定多数の人々の消費への欲望を組織するものであり、不特定多数の人々を「大衆」という近代的存在として対象にしていることも、消費というきわめて近代的現象とかかわっている点においても、それは前近代の商業的告知とは連続していないのである。こうしたことはデザインにおいても同様である。前近代の社会的政治的なシステムの中で位置づけられていたデザインと、近代的な市場のシステムに位置づけられた近代のデザインとを連続的に扱うことはできない。市場のあり方すら前近代と近代の消費社会における市場は決定的に異なっている。またさらにいえば、漫画や絵画やデザイン、その他諸々の表現は、それらを受容する人々の中では相互関連している。それらを扱うデザイン史（美術史）の視点の中に、受容者というファクターを加えるだけでも、デザイン（美術）の歴史のあり方は大きく変化する。クレーリーが指摘しているように、今日でもなお、デザイン史（美術史）が自律したアカデミックな体系を変化させることなく存在するとする一九世紀的な思考の残滓が、どこかに生きているのかもしれない。しかし今日、デザイン史（美術史）はあきらかに領域の境界が崩れ、また無媒介的に連続性を語ることも疑わしいものになってきているのである。そして、繰り返すがそれらの歴史は自律した存在ではないのだ。そのような認識を前提にするなら、デザイン史はいままで以上に豊かな意味を投げかけてくるだろう。

註・参考文献

1 Nikolaus Pevsner, *Pioneers of Modern Dssign: From William Morris to Walter Gropius*, New York, 1949.（ニコラス・ペヴスナー『モダン・デザインの展開：モリスからグロピウスまで』、白石博三訳、みすず書房、一九五七年）

2 Adrian Forty, *Objects and Desire: Design and Society 1750-1980*, London, 1986.（アドリアン・フォーティ『欲望のオブジェ　デザインと社会 1750-1980』、高島平吾訳、鹿島出版会、一九九二年　三〇二ページ）

3 Siegfried Giedion, *Mechanization Takes Command*, 1969, New York. Original edition 1948.（ジークフリート・ギーディオン『機械化の文化史』、GK研究所／榮久庵祥二訳、鹿島出版会、一九七七年）

4 Marshall McLuhan, *Understanding Media: The Extensions of Man*, New York, 1964.（マーシャル・マクルーハン『人間拡張の原理：メディアの理解』、後藤和彦／高儀進訳、竹内書店新社、一九六七年）

5 ミシェル・フーコー『言葉と物』、渡辺一民訳、新潮社、一九七四年。

6 Jonathan Crary, *Techniges of the Observation: on the vision and modernity in the nineteenth century*, Boston,1990.（ジョナサン・クレーリー『観察者の系譜』、遠藤知巳訳、十月社、一九九七年）

第一章　1・近代デザインにむかって

柏木博

古い社会的な制度からの解放

近代デザインの歴史がいつから始まるかということを正確な日付を持って語ることはできないが、それまでの前近代の生活様式にかかわる表立ったそして時として暗黙の複雑な社会的制度の崩壊がその始まりの前提になる。

ヨーロッパではフランス革命以降、衣服や生活用品に関する社会的規制は原則的には崩壊していく。一方、日本では、明治維新が古い制度からの離脱のとりあえずの区切りになった。生活用品や住居のデザインが社会的規制から解放されると、そうした一切のデザインをあらたにつくり出さなければならない。それが近代デザインの実践の前提になった。

つまり、近代デザインの出発は、誰もが他からの強制(力)を受けることなく、自らの生活様式を決定し、自由なデザインを使うことができるのだという前提を条件のひとつにしていた。ヨーロッパにおいては、それが唯一のものではないにしてもフランス革命を契機とした市民社会意識の出現があったといっていいだろう。

今日、わたしたちは、自らの経済事情が許すかぎりにおいて、どのような日用品や衣服を身につけるかは誰からも強制されることなく自由である。

かつて、近代以前の社会においては、デザインは複雑な社会的制度(階級や職業など)と結びついていた。どのような衣服を身につけ、どのような食器や家具などの日用品を使い、どんな住居に生活するのか。これは、自由に選択することはできなかった。衣服やもののデザインは、社会的なシステムを可視化したものであった。人々は、日々、自らの衣服やもののデザインによって、自らの職業や階層を確認しているのであり、したがって、それを捨て去ることは、時としてシステムへの暗黙の異議となる可能性を持っていた。

日本では、中国の制度をモデルとした律令格式が八世紀から九世紀にかけてつくられた。これには、衣服や色使いに関するつまりデザインに関する規制が含まれている。この制度はやがて日本的なアレンジがなされていった。たとえば、紫の衣服はもっとも高位の者にしか身につけることができないことであるとか、喪服の規則であるとかきわめて細目にわたった禁制があった。デザインに関しては江戸期にかつての規制はかなり変化したが、いずれにしても、儀礼に関する規則とともに、デザインに関する禁制は、権力による制度とシステムを可視化する機能を持つがゆえにきわめて重要なことであった。デザインの持つ重要性のひとつは、目に見えないシステムや関係を可視化するところにあった。

ヨーロッパにおいては、一八世紀のフランス革命、そして一九世紀に及ぶ産業革命を通して、以来、デザインはそれまでの制度から解放されていくことになる。それは社会全体が新しい機構と組織を形づくっていくことと関連していた。新しい社会は新しい約束事とシステムを持たなければならなかった。一般的には、この時点において、個人と個人、個人と社会あるいは国家とのあらたな約束(契約)が提唱されることになる。そして新しい社会を人工的に構築しようという思考は、そのまま新しいデザインを求めたのである。このことが近代デザインの出発を促していた。つまり、近代社会における思考や意識そして感覚、また想念が近代デザインに投影されることになる。

日本でも原則としては、明治維新以降、わたしたちの生活を取り巻くデザインは古い制度から解放されることになった。それぞれの経済的事情に従ってどのようなデザインも自由に使える。つまり、デザインは古い社会的な制度から市場経済のシステムに委ねられたということもできるだろう。このことはきわめて大きな意味を持つ。デザインは資本主義的な市場経済の約束事に委ねられたのである。たとえば、経済的に許されるのであれば、それまでの暗黙のうちの複雑な社会的制度としてあった職業や階級にかかわる消費は一気に飛び越えられるということになる。実際に、そうした事態がもっとも早く実現したのは、大量生産を早くから実現したアメリカにおいてであった。（＊1）

古い社会的な制度から離れて人々が自由にものを消費するようになるのは、ヨーロッパにおいては、実際には、二〇世紀に入ってだいぶ経ってからのことであった。社会学者のスチュアート・ユーエンは、第一次大戦後にアメリカにやって来た移民の女性が、アメリカの食料品店で買い物をする行為によっていかに階級を超えた「自由な消費者」の気分を味わったかというエピソードを紹介している（＊2）。当時、ヨーロッパではまだ、たとえ経済的に可能ではあっても階級に従って消費を行なうことが一般的であった。

ともあれ、過去の生活様式から解放され、一九世紀の産業先進国のイギリスでは、ものの生産方式の変化とともにあらたなデザインへの模索が始まる。

スチュアート・ユーエン
Ewen, Stuart

あらたな環境とデザインの提案

一九世紀の産業社会では、古い制度から解放されあらたな生活様式や生活環境をいかにデザインするかということへとしだいに目がむけられていった。とはいえ、早々にあらたな生活様式や環境を示す新しいデザインを提案することはできなかった。そうした状態の中にあって、デザイナーたちは、過去の歴史的様式を折衷するいわゆる「歴史主義」（ヒストリシズム）と呼ばれるデザインを実践することになった。

この「歴史主義」と呼ばれるデザインの出現とその受容は、一九世紀における時代精神とある面では結びつくものであったといえる。一九世紀は博覧会と博物館の時代であった。つまり、この時代は、事実と計量可能であることが重視された。それは、一九世紀の産業社会の実証主義的な精神を反映していた。世界をものという情報としてひとつの場所に集め、カタログ化して見せるということもまた実証主義的精神の現れであり、それは博物館とともに博覧会の開催を促進することになった。たとえば、一九世紀の産業先進国イギリスにおける大英博物館の成立、そして世界で最初のデザイン博物館であるヴィクトリア・アンド・アルバート・ミュージアム（V&A）の設立といったことにもそれは現れている。V&Aは、一八五一年の第一回ロンドン万国博の収集品を基礎にしている。つまり歴史的過去の様式は、歴史的事実として認識され受容されることになったのである。

ハンス・H・ホーフシュテッターは『ユーゲントシュティール絵画史』の中で、一九世紀の精神空間について《いわゆる「泡沫会社時代精神」（Gründerrum）の資本主義的支配層を成立せしめるところの、世界観的実証主義の精神空間である。実証主義と泡沫会社時代精神（その結果としての無神論）、相互に規定しあう補完物たるこの両者は、世界観としては使いこなせない科学的な探求や発見の産物であり、同様にまた、結果として社会的階層区分を産みだし、経済的には強力ではあっても精神的には指導能力のない支配層を成立せしめた、増大する産業化の産物である》（＊3）と指摘している。

一九世紀の産業社会は、実証主義的な精神空間と結びつき、そこでの知は、事実性と計量可能性、そして統計学的な視点によって「真」を認めるというものであった。それは、全体的な関連を失った膨大な細部の集合でしかなかった。

一九世紀半ばは、特定の新しい装飾様式を持てないまま、歴史的装飾様式を引用し、また折衷することで、家具をはじめとして、日用品のデザインを行なっていた。とりわけ、機械生産が導入されることによって、そうしたデザインがそれまで以上に大量に出現し始めることになったのである。装飾様式の混乱は、生活様式の混乱を感じさせるものであった。そうしたデザインは、たしかに過去の様式という事実に依拠はしていたが、さまざまな寄せ集めであり、全体としての統一性を欠くものであった。それは、ホーフシュテッターが、「経済的には強力であっても精神的には指導能力がない」とする産業ブルジョワジーの存在と見合っていたといえるだろう。「歴史主義」デザインにおける様式的混乱について、ホーフシュテッターは、四散したフォルムをかき集めて様式をつくりそれを大衆化したものだとも述べている。

ハンス・H・ホーフシュテッター
1928-
Hofstätter, H. Hans

ヴィクトリア朝時代の室内　Geffrye Museum, London　撮影: 柏木博

言い換えれば、過去の生活様式から解放されたにもかかわらず、かつてのような統一性を提案できない時代精神と「歴史主義」デザインは結びついていたといえる。

「歴史主義」デザインを受け入れたのは、新しい支配層である産業ブルジョワジーであった。彼らの生活空間(室内)はどのようなものであったのか。ヴァルター・ベンヤミンは、次のように述べている。

大都市において私生活の痕跡が失われてゆくことにたいする、補償をもとめる努力が見られる。その努力は家庭の内部でなされる。まるでかれらは、かれらの地上の日々の痕跡とはゆかないまでも、日用品や小間物の痕跡を、なんとかして未来永劫にうすれさせまいと、名誉をかけているかのようだ。かれらは根気よく、たくさんの物の押型をとる。上ばきや懐中時計、寒暖計や卵立て、食器や雨傘のために、かれらは入れものを、ケースをこさえる。(中略)人間はアクセサリー一式とともにそのなかへはめこまれる。化石となった太古の動物のように、だいじにされるのはかれの痕跡である。(＊4)

ヴァルター・ベンヤミン
1892-1940
Benjamin, Walter

全体への関連性を欠如した知識と趣味が広がるとともに、都市化される環境の中にあって、個人の痕跡をみずから感じられなくなることへの不安、つまり、近代に特有な自己のアイデンティティにかかわる不安こそが、さまざまな事物を室内に集めさせることになった。こうした個人の室内の誕生と、博物館的な知識の寄せ集めが行なわれたのは同時代のことであり、それらは相互に無縁ではない同時代の感覚と思考を反映している。

このように、新興階級のブルジョワジーたちによる社会は、一方では全体性の欠如した断片的な知の寄せ集めと、統計的な手法による「真」の確定という実証主義的な精神空間の中にあった。そして、そうした精神空間を映し出すよう骨董屋のような室内があった。

こうした装飾様式の混乱、そして統一性のない断片的な寄せ集めのデザインに対して、やがて一九世紀後半、イギリスではウイリアム・モリスを中心としたアーツ・アンド・クラフツ運動、あるいは世紀転換期に

ウイリアム・モリス
1834-1896
Morris, William

アール・ヌーヴォーといった装飾様式が提案される。また、二〇世紀前半におけるバウハウスなども、歴史主義とは異なるあらたなデザイン提案のプロジェクトとして展開されることになる。(＊5)

貧困の発見と計画

ところで、デザインが古い社会的制度から市場経済のシステムに委ねられたということは、デザインはいわば資本主義的市場のシステムに依拠せざるを得なくなったともいえる。しかし資本主義のシステムは、生活環境について、もうひとつの深刻な問題を発生させた。「貧困」という問題である。

当初、資本主義的市場はまったくコントロールすることなく放任しておくことで、自由な競争のもとに自然淘汰し安定した環境が出現すると考えられていた。しかし、その結果、経済不況や恐慌が引き起こされることになる。したがって、一定の経済的な計画と管理が必要だということになる。

一九世紀において、絶望的な貧困(下層民)がはじめて衝撃的に発見され、いかに貧困(経済的破綻)を解決していくのかということが意識化された。

この問題は、食べ物から住宅や都市にいたるまで、さまざまな領域で意識化された。たとえば、食べ物の領域でいうなら、いかにして栄養価の高い食事を廉価で供給していけるかということにも繋がっていった。アメリカのいわゆるファストフードの出現は、均質化された食事を廉価で供給することで貧しい生活者を救済していこうとする、たとえば一九世紀末のエレン・スワロウ・リチャーズらの試みを、商業的に引用することによっていた。(＊6)

絶望的な貧困の中に生活する人々、そしてそうした人々が生活する「スラム街」は、一九世紀の大都市に広がっていた。ロンドンでもパリでも、ボストンや東京も例外ではない。石川天崖が一九〇九年に刊行した『東京学』(＊7)には、明治期の東京のスラムがどのようなものであるかが書かれており、「中等貧民窟」「極貧民窟」の写真が入れられている。「中等貧民窟」の写真には、天崖自身の後ろ姿が入っている。こうした本を通して

エレン・スワロウ・リチャーズ
1842-1911
Richards, Ellen Henrrietta Swallow

地方の人々にも大都市のスラム街の状況が広く知られるようになったのではないか。

また、横山源之助による『日本の下層社会』(一八九九)は、明治期のスラムの実態を詳細な事例をあげて記録している。ちなみに横山はスラムの住まいについて次のように描写している。

九尺二間の陋屋、広きは六畳、大抵四畳の一小廓に、夫婦子供同居者を加へて五六人の人数住めり、之を一の家庭とし言へば一の家庭に相違なけれど、僅に四畳六畳に二三の家庭を含む、婆あり、血気盛りの若者あり、三十を出でたる女あり、寄留者多きは蓋し貧民窟の一現象なるべし。(*8)

横山源之助
1871-1915
よこやま・げんのすけ

同じような貧困の悲惨な状態についてフリードリッヒ・エンゲルスも記述している。エンゲルスが見たのは一八四〇年代のロンドンのスラム街である。

フリードリッヒ・エンゲルス
1820-1895
Engels, Friedrich

どの大都会にも、一個または数個の『貧民地区』があり、労働者階級はそこにおしこめられている。(中略)ロンドンには有名な『貧民窟』(rookery)セント・ジャイルズがある。(中略)どの家も、地下室から屋根裏部屋まで、住む人でいっぱいになっているが、外も内もきたなく、およそ人間が住めそうには思われないほどである。(中略)汚物と灰の山がいたるところに散らばっており、ドアのまえへおしあけられた汚水がくさい水たまりになっている。(*9)

こうした貧困とスラムは、資本主義経済における市場の競争をほとんどコントロールすることなく、自然淘汰に委ねてしまうことで引き起こされる。エンゲルスは、生活手段と生産手段の所有が市場経済での戦いの武器になるから、貧困な人々はますます貧困になるのだとして、こうした事態を「社会戦争」と説明している(*10)。したがって、事態を解決していくためには市場経済を計画しコントロールしなければならないということになる。その結果、もっとも徹底した現実の事例としては、革命後のソヴィエトがあったわけだが、それはあきらかに破綻をきたした。しかし、現在、市場経済は一定の計画経済を取り込みコントロールされてもいる。

近代の資本主義は、システムの矛盾として貧困を生み出したが、それを解消しようとさまざまな計画を行なってきた。しかし、にもかかわらず、結果としては、世界的な規模において現在にいたるまで貧困は解決するどころか、拡大しているといわなければならない。

市場経済を計画しコントロールしなければならなかったように、絶望的な貧困が広がることによって出現したスラム街もまた、都市計画によってコントロールし解消しなければならないことに人々の目がむけられるようになった。スラム街こそさまざまな伝染病の温床であり、病は貧富の差とはかかわらず広がるのだとエンゲルスは、貧困に対する人々の注目を促している。

貧困とスラム街の問題が、一方では経済的計画の概念に繋がったように、近代デザインの計画の概念を形成することになる。この計画は都市計画から住宅、そしてその中の家具や日用品にいたるまで対象とされることになる。つまり、誰もが等しく健康で豊かに幸福に生活する権利があるという理念が近代デザインの理念になっていくことになる。

「誰もが等しくという近代社会をいかに構築し実現するかということが近代デザインのひとつの主題となった。（＊11）

近代デザインの計画概念

ヨーロッパで最初に産業革命が広がったイギリスは、技術史家のL・T・C・ロルトによると、ヴィクトリアが戴冠（一八三五）するまでに「世界の工場」を名乗るまでになっていたという。それを支えたのはものごとを総合的に捉える力を持ったエンジニアたちであった。「世界の工場」としてイギリスが発展していったのは、ものと人間を移動させるためのネットワークである鉄道網が、早くからイギリスの全土に完備されたことにある。

L・T・C・ロルト
1910-1974
Rolt, L.T.C

そうしたイギリスの鉄道建設にかかわったのは、総合的な視点を持つことのできたエンジニアたちであった。ロバート・スティーブンソン（ジョージの息子）、イサンバード・キングダム・ブルーネルたちである。ものと人間の高速移動は経済のシステムを近代的なものに変えるだけでなく、さらに、関連領域のエンジニアリングを活性化させた。つまり、鉄道を敷くための土木技術。車両の重量に耐える鉄橋架設の技術。さらには材料としての錬鉄や鋼の製造技術。そして、計画を進めるためのマネージメントの技術など膨大な関連技術を活性化させたのである。また、鉄とガラスの新しい大駅舎の建築は近代建築デザインの基本的な言語を用意した。

近代デザインにおける計画の概念は、一方では、一九世紀のエンジニアリングの領域で出現してきた近代的な計画という考え方をそのまま引き継いだものとしてある。一九世紀のイギリスのエンジニアの中で注目すべき人物のひとりは、ジョーゼフ・ロックである。彼は、スティーブンソンやブルーネルらとともに、よく知られたイギリスの鉄道エンジニアである。ロックは、鉄道施設として人々に知られるものをさほど残してはいない。しかし、スティーブンソンやブルーネルたちよりもその後のエンジニアリングに大きな影響を与えた。一九世紀、ロックと同時代の人々は、鉄道施設の工事に要する経費や時間に対して正確な見積りをすることはなかった（＊12）。そうした中にあって、ロックは、工事にかかわる詳細な見積りを作成した。つまり、時間的、経済的コストを前提としたいわば近代的な計画がエンジニアリングの対象となったのである。もちろん、計画ということそのものは、近代以前から続いてきたわけだが、時間と経済のコスト計算がほとんどなされていなかったということだ。

近代デザインもまた、時間的、経済的コストを前提とした計画を引き継いでいる。この中には、もちろん素材、技術、構成など計画すべきさまざまな要素が入り込んでいる。

さらにいえば、一九二〇年代末から三〇年代にかけて活動を開始したレイモンド・ローウィやノーマン・ベル・ゲディーズといったアメリカの第一世代のインダストリアルデザイナーたちは、人工的にマーケットを出現させるようなデザインの計画を意識し始めた。こうしたマーケットの計画の概念もまた、近代的計画

ロバート・ジョージ
1781-1859
George, Robert

ロバート・スティーブンソン
1803-1859
Stephenson, Robert

イサンバード・キングダム・ブルーネル
1806-1859
Brunel, Isambard Kingdom

ジョーゼフ・ロック
1805-1860
Locke, Joseph

レイモンド・ローウィ
1893-1986
Loewy, Raymond

ノーマン・ベル・ゲディーズ
1893-1958
Geddes, Norman Bel

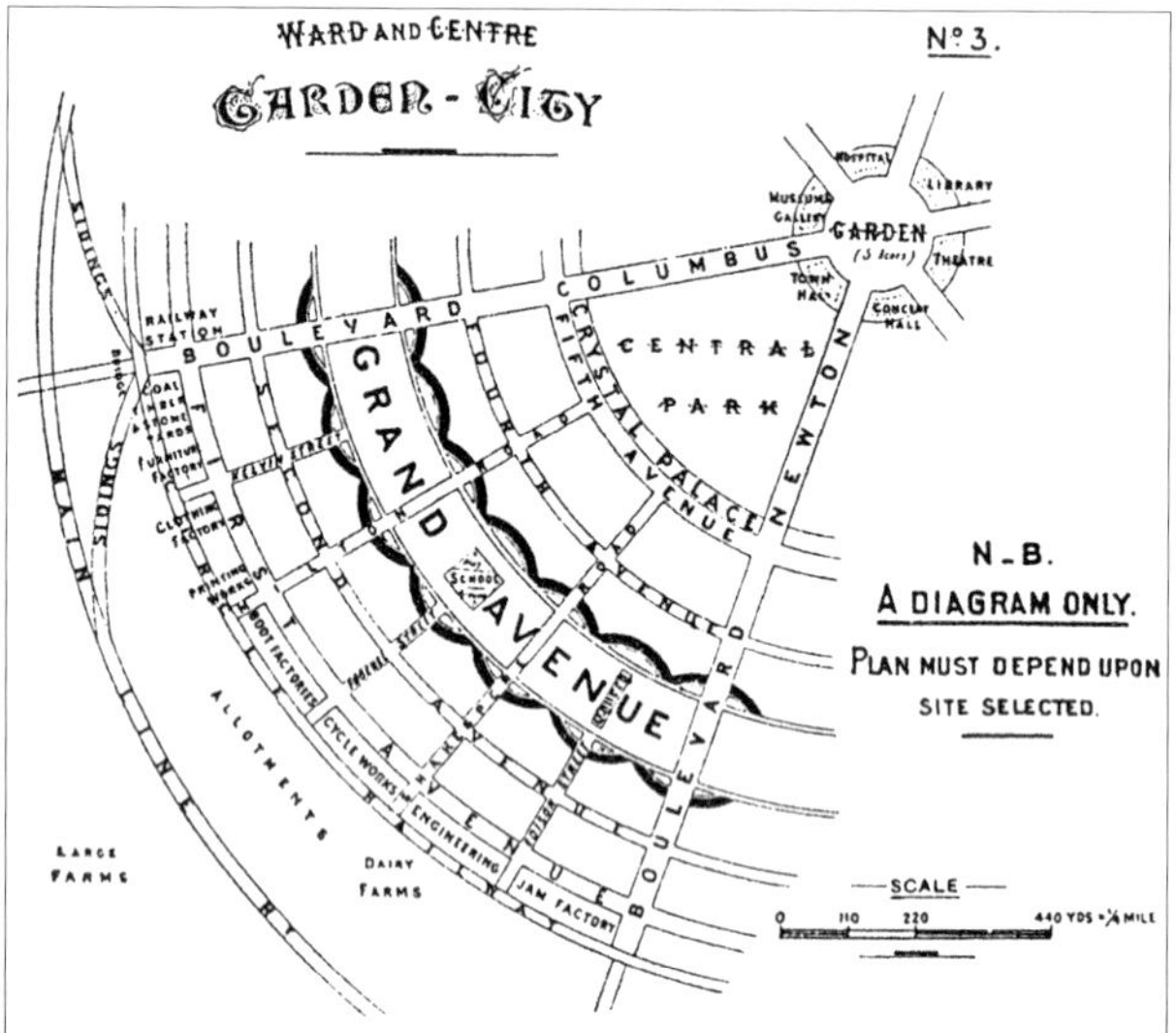

WARD AND CENTRE OF GARDEN CITY

エベネザー・ハワードの田園都市プラン

概念の拡大によっていた。具体的には、彼らはあらたなデザインによって、市場を生み出そうとした。そうした意味において、デザインをビジネス化したともいえるだろう。近代デザインには、以後、市場（マーケット）計画に対する考え方も受け継がれることになり、第二次世界大戦後は、そうした考え方がデザインにおける計画の中心に置かれることになった。

話を、一九世紀の貧困とスラムの問題に結びつけて「計画」ということに戻そう。貧困とスラムを問題にする時、日用品のデザインももちろんテーマになるのだが、もっとも大きなテーマは、住まい（住宅）や都市ということになる。

そうしたことを背景にして、都市の計画的デザインの提案としてもっともよく知られているエベネザー・ハワードの「田園都市論」が一九世紀末から二〇世紀にかけて、登場してくることになる。つまり、ハワードの考えた都市計画には、汚れきったスラム都市から離れていかに整備された健康な都市を構想するかということが、社会的な背景としてあった。ハワードは、具体的に計画されたあらたな都市のイメージを描いて見せた。それは一八九八年に『明日――真の改善への平和な道』として、そしてそれは一九〇二年に『明日の田園都市』として出版された（＊13）。彼は都市というものが組織的なものであり、また構造的につくられコントロールされるべきものであると考えていた。そして、それまでの都市（タウン）と田園（カントリー）とが持つ有効な面を合わせ持った空間として「都市＝田園（タウン／カントリー）」という概念を提案した。都市と農村のいわば結合態を田園都市（ガーデン・シティ）とハワードは呼ぶことになる。ハワードがここで描いた、低密度な人口によって構成される都市のイメージは、二〇世紀のル・コルビュジエの描いた高密度人口の都市のイメージとともに、近代の都市計画に決定的な影響を与えることになった。

ハワードの田園都市のイメージは、アメリカの作家エドワード・ベラミーのSF小説『顧みれば』から影響を受けている。ベラミーのこの小説は西暦二〇〇〇年のボストンが社会主義の都市になっていたという想定で書かれている。そのボストンのイメージにハワードは影響を受け、田園都市の構想を描いた。

エベネザー・ハワード
1850-1928
Howard, Ebenezer

ル・コルビュジエ
1887-1965
Le Corbusier

エドワード・ベラミー
1850-1898
Bellamy, Edward

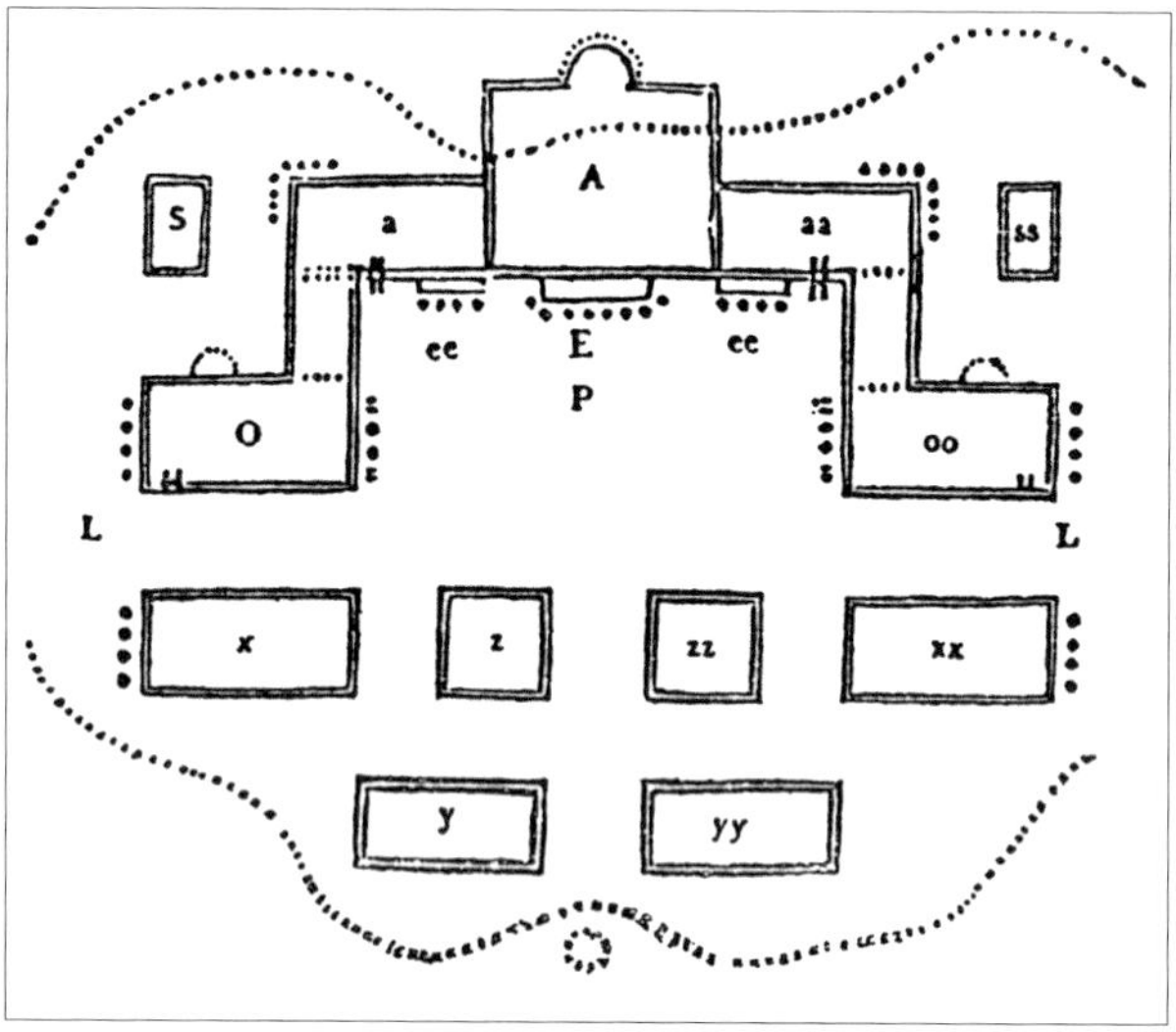

シャルル・フーリエのファランステール

ハワードは、この本の中で田園都市がどのように経営されるべきかといったことを詳細に述べている。それは都市が経済を背景にして成立する組織体であることをハワードが認識していたからである。

ハワードの田園都市の地政学的なレイアウトは、ベンサムによる一望監視システムを想起させもする円形になっている。中心に庭園を置き、その周囲に公共建築を構成する。公共建築の外側は円形のセントラル・パークがある。そしてその外側に公共空間としてガラスの水晶宮がおかれている。このあたりは、シャルル・フーリエのファランステールを思い起こさせる(＊14)。水晶宮の外側には住宅群が取り巻いている。それは見通しのよい並木道が貫いている。並木道は円形を半径で割り切れる美しい数である六本。その外側には工場やマーケットが配置され、鉄道で結ばれている。また、都市のエネルギーは電気としているところも興味深い。さらに街の外側に農業用地が配置されている。

こうした施設と機能が相互にネットワークされている。ここで興味深いのは、都市の組織や設備に関して、ハワードが個人所有と共同を組み合わせていることである。ハワードは共産主義あるいは社会主義を認めつつも、現実の社会組織としては成功しないだろうとする。彼はむしろ個人を核として、その結合と協同の団体(ボディ・オブ・コーポレーター)によって組織化することを提案している。

また、ハワードは、田園都市の人口を、街の区域には三〇〇〇〇人、周辺の農業地区に二〇〇〇人という規模に限定している。この規模は都市の経済的、組織的効率の予測から出ている。したがって、重要なことは、田園都市という空間は、けして無限に広がる空間ではないということである。

こうしたハワードの田園都市のアイデアはそれまでの都市構想に比較してはるかに緻密であることがわかる。ハワードの田園都市について、ルイス・マンフォードは《二〇世紀の初めにおいて、二つの大きな新発明がわたしたちの眼前に現れた。すなわち、飛行機と田園都市である。どちらも新時代の先駆者だ。前者は人間に翼を与え、後者は人間が地上に降りたとき、彼により良い住まいの場を約束したのである》(＊15)と述べている。

ジェレミー・ベンサム
1748-1832
Bentham, Jeremy

シャルル・フーリエ
1772-1837
Fourier, François Marie Charles

ルイス・マンフォード
1895-1990
Mumford, Lewis

ルイス・マンフォードがハワードの田園都市を「発明」という言葉によって評価しているところは興味深い。通常、わたしたちが発明という言葉を使う場合、それは道具や装置を対象としている。実際、マンフォードは田園都市を飛行機と並列している。田園都市も「装置」なのだということである。人々が生活するためのより良き装置と捉えているのだ。

ハワードが描いた、低密度な人口によって構成される田園都市のイメージは、その後、いたるところに影響を与えた。たとえば、ドイツにおける集合住宅の計画がその典型である。ブルーノ・タウトやエルンスト・マイなど多くのドイツの建築家たちが集合住宅のデザインを手がけているが、そこには少なからず田園都市の考え方からの影響が見られる。しかし他方では、二〇世紀のル・コルビュジエの描いた都市のイメージはハワードと同じ都市問題への解決方法をテーマにしつつも、まったく逆に高密度人口にせざるをえないとしている。そして、ル・コルビュジエの都市計画の構想もまた、二〇世紀において大きな影響を与えた。

人口が低密度であれ高密度であれ、いずれにしても都市は計画されなければならないという認識が一九世紀以降広がった。それは、過剰な人口が集中し、スラム化する都市の問題を解決しなければならないと考えたからだ。そして、さらに、近代デザインにおいては都市のみではなく、誰もが健康で豊かな生活を実現することのできる住宅、家具、日用品の計画を構想したのである（＊16）。こうした計画の実践が、近代デザインのプロジェクトへと結びついていった。

ブルーノ・タウト
1880-1938
Taut, Bruno
エルンスト・マイ
1886-1970
May, Ernst

註・参考文献

1　ここでの議論は多くを、柏木博『芸術の複製芸術時代・日常のデザイン』（岩波近代日本の美術九）、岩波書店、一九九六年によっている。

2 スチュアート・ユーエン&エリザベス・ユーエン『欲望と消費』、小沢瑞穂訳、晶文社、一九八八年。

3 ハンス・H・ホーフシュテッター『ユーゲントシュティール絵画史』、種村季弘／池田香代子訳、河出書房新社、一九九〇年　一五ページ。

4 ヴァルター・ベンヤミン『ボードレール・新編増補』（ヴァルター・ベンヤミン著作集六）、河村二郎／野村修、円子修平訳、晶文社、一九七五年　八三ページ。

5 ここでの議論は多くを、柏木博『デザインの20世紀』、NHKブック、一九九二年によっている。

6 柏木博『家事の政治学』、青土社、一九九五年。

7 石川天崖『東京学』、育成会、一九〇九年。

8 横山源之助『日本の下層社会』（岩波文庫）、岩波書店、一九七八年。

9 フリードリッヒ・エンゲルス「イギリスにおける労働者階級の状態」、『マルクス・エンゲルス選集二』、武田隆夫訳、新潮社、一九六八年。

10 前掲書。

11 柏木博『モダンデザイン批判』、岩波書店、一九九六年。

12 L・T・C・ロルト『ヴィクトリアン・エンジニアリング　土木と機械の時代』高島平吾訳、鹿島出版会、一九八九年。

13 Ebenezer Howard, *GARDEN CITIES of Tomorrow, Faber.* なお、この版には出版年の表記がなく、ルイス・マンフォードによる序文に一九四五年と記されている。（エベネザー・ハワード『明日の田園都市』、長素連訳、鹿島出版会、一九七九年）

14 Helen Rosenau, *THE IDEAL CITY,* Methuen & Co. Ltd, 1983

15 エベネザー・ハワード、前掲書。

16 柏木博『ユートピアの夢』、未來社、一九九三年。

第一章　2・近代デザインの展開

柏木博

あえてひとことで言うなら、近代デザインは、わたしたちの生活をあらたに組織化する試みとして展開されたといえる。それは、いわば、近代化のプロジェクトのひとつと見てもいいだろう。

したがって、近代デザインのプロジェクトには、近代の論理が投影されている。それは、たったひとつの論理(物語)によっているのではなく、いくつかの大きな物語(グランド・ストーリー)が同時に複合的に存在している。それは、ジャン＝フランソワ・リオタールが指摘した近代の科学が準拠する正当性の論理(物語)として例示した、「精神の弁証法」「意味の解釈学」「理性的人間あるいは労働者としての主体の解放」(＊1)といったもの、そしてそのほかにも大きな物語として機能してきたものが複数あるはずだ。たとえば、「終わりなき発展」「進歩」といった物語。そして、それらの物語は、人々の中で理性的精神によって合意されるであろうと考えられてきた。「理性的言語による合意」といったことすら、近代としての物語であったかもしれない。

また、近代ザインは、あらたな生活の組織化をするにあたっての準拠すべき論理的正当性を反映するだけではなく、近代社会における現実の社会的諸関係をめぐるシステムを取り込み、それを再生産するということを少なからず実践してきた。たとえば、「市場の更新」「生産と消費の拡大」「消費の民主化」あるいは「富の発展」「高速度化」「大量化」といったことなどである。

とりわけ、生産と消費の拡大やあらゆる事柄の高速度化といったことに対して、テクノロジーの開発がま

ジャン＝フランソワ・リオタール
1924-1998
Lyotard, Jean Francois

さに高速度で進められたのが近代であった。また、そのテクノロジーによって促進された大量生産や大量消費は、消費の民主化という物語とともに「大衆」という近代の論理の正当性の準拠となる存在を成立させてきた。（＊2）

近代デザインは、どのような論理に準拠して展開されたのか。ここでは、近代の準拠する論理とデザインの関係について、すべてを検討することはできないが、そのいくつかの特徴を概略として見ておきたい。

規格化＝均質化への指向

一九世紀後半のウイリアム・モリスや、世紀転換期にアール・ヌーヴォーの代表的なデザインを実践したアンリ・ヴァン・デ・ヴェルデあるいは、初期のバウハウスにいたるまで、デザインはどこかしら手工芸的な方法によって実践されていた。また、手工芸的な方法と機械生産によるいわばインダストリアルな方法と、どちらをものづくりとデザインのあるべき方法とするかについては、二〇世紀初頭にいたるまで議論された。結果として、近代デザインは、インダストリアルな生産方式に依拠することになった。それは、「誰もが」という使用と消費そして生産のいわば「民主化」あるいは「大衆化」という近代の準拠する論理と見合っていた。

インダストリアルな方法によってつくられた製品として二〇世紀を代表するものは、アメリカのT型フォードである。それは、また「誰が」つくっても、「どこで」つくっても同じ均質化した製品である。この均質化こそ、インダストリアルな生産方式を前提にしたデザインの特徴である。T型フォードは、「誰もが」生産に従事することができ、また工場で生産にかかわる労働者もまた等しく購入できるという「生産と消費」のいわば「民主化」あるいは「大衆化」を実現した。

ヘンリー・フォードのシステムは、世界中の工場やものづくりに影響を与えた。ちなみに、バウハウスの初代の校長であったヴァルター・グロピウスもまた、ハウジングの領域でのフォード・システムを構想して

ウイリアム・モリス
1834-1896
Morris, William

アンリ・ヴァン・デ・ヴェルデ
1863-1957
Velde, Henry van de

ヘンリー・フォード
1863-1947
Ford, Henry

ヴァルター・グロピウス
1883-1969
Gropius, Walter

いた。

T型フォードの前提となっているのは、組み立て部品の規格化（均質化）である。このことを最初に実現したのは、もちろんヘンリー・フォードではない。それは、早い時期にアメリカで発展した方法であった。それは、アメリカが、「誰もが」ということを準拠する論理のひとつとして打ち出していたことと対応している。アメリカで始まった初期の規格化について、少々見ておこう。

日常わたしたちの使っているものは、ほとんどが量産品であり、部品の交換が可能である。ボルトやネジ、パイプや板状の部品など破損した部品は交換ができるようになっている。この交換可能性は、部品の規格化によって実現される。したがって、製品そのものというよりも、それをつくる際に使われる雛形（ジグ）や、サイズの計測に使われるさまざまな道具によっている。そうした道具は、わたしたちはあまり目にすることがない。しかし、日用品の背後にはそうした目にすることの少ないもうひとつの日用品が存在しているのである。

日用品の部品の互換性を実現した道具は、現在のわたしたちの日用品とは言いがたい鉄砲という工業製品である。部品に互換性を持たせ、大量に生産するシステムを、当初、ヨーロッパではアメリカン・システムと呼んでいた。このシステムは、「綿繰機《わたくりき》」（コットン・ジン）を発明し一七九四年に特許を得たエリ・ホイットニーによるといわれている。それまで綿は、長い繊維の綿からしか採れなかった。短綿繊維は綿花から種子の殻を取り除くことに手間がかかり使いものにならなかった。一方、長綿繊維の種子は海島でしか生育しなかった。ところがホイットニーは、その短綿の綿花から殻を取り除く綿繰機を開発し、アメリカの綿花の大量生産を実現したのである。この綿繰機は、スミソニアン博物館にアメリカの産業システムを示す記念的道具として展示されている。

ホイットニーは、マスケット銃を二年間で一万丁調達するという量産計画を、一七九八年、アメリカ政府に提案した。しかし実際には、八年もかかってその計画は実現されることになった。

エリ・ホイットニー
1765-1825
Whitney, Eli

そのホイットニーの名前の陰に隠れてほとんど知られていないのだが、実際に、部品の規格化によってライフル銃の量産を実現したのは軍人であったジョン・ハンコック・ホールである。ホールは国の兵器製造機関パーパーズ・フェリーに、自ら考案した規格化のシステムを導入した。彼は一八一一年に、自分がつくった規格化のための道具に特許を取ろうとした。しかし、査察委員会はそうしたホールの態度とそのシステムに疑義をいだいて調査した。ホールは一八二四年、さまざまな工場から持ってきた百丁の銃を分解し、無作為に各部品を選び鉄砲を構成して見せた。

彼は均一な鉄製部品を製造できる精密なゲージを作製したのである。これは、各部品への作業を、「ベアリング」と呼ぶひとつの点から始める方法であった。こうした彼の作業システムに疑いを持って査察した委員会は、当時、彼の機械はいかなる機械とも異なり、見たことのないものだと報告した。ホールの部品製作のシステムはやがて、アメリカの工業製品の生産の基礎となった。もちろん、それはフォードのシステムへと繋がっている。

そして、もっとも早い時期に、アメリカは、料理から住宅にいたるまでの規格化を行なった。料理すら工業製品化したといえるだろう。

ちなみに、一八七九年、婦人教育協会(WEA/Woman's Education Association もっとも早い時期にいわゆるシステムキッチンを考案したことで知られるキャサリン・ビーチャーが組織した団体)が「ボストン料理学校」を開設した。一八八〇年代に、アメリカでは計量カップが売り出され、その計量カップの使い方を一般的なものにしたのは、ボストン料理学校で学びその後、同校の校長となったファニー・ファーマーである。彼女は、大さじやカップ一杯といった計量を「すり切り一杯」という方法で行なうことを提案し、「すり切り一杯計量法の母」と呼ばれることになる。この軽量方法によって、誰でも何度でも同じ料理を再現することが容易になった。

さらに、化学者のエレン・スワロー・リチャーズは、一九世紀末にアメリカの標準的健康料理の実現を目

キャサリン・ビーチャー
1800-1878
Beecher, Catherine Esther

ファニー・ファーマー
1857-1915
Farmer, Fannie Merritt

エレン・スワロー・リチャーズ
1842-1911
Richards, Ellen Hennrietta Swallow

ミース・ファン・デル・ローエ「シーグラムビル」1958　撮影: 柏木博

指して「アメリカ料理」のアイデアを提案した。貧富の差や人種の差を超えて、誰にでも安価で栄養価の高い料理を短時間で供給するということをリチャーズは目指し、七つほどのレシピを考案した。移民たちがアメリカに持ってきた料理とは別に、あらたな「アメリカ料理」を考案することで、平等な食事(均質化した食事)を提供しようとしたのである。こうした料理もまた、何度でも同じ大きさ、味、栄養価が再現できなければならない。リチャーズは、一八九三年のシカゴ博の際に「ランフォード・キッチン」というキッチンをつくり、こうした料理を実験的に提供した(＊3)。このアイデアは、後に、アメリカのハンバーガー・ショップやそのほかのファストフードの店によって商業化されることになる。アメリカでは、早い時期に食品が工業製品化されたともいえるだろう。ファストフードの店では、食器から包装紙までが均質的デザインにされていく。

デザインのユニヴァーサリズム(普遍化)

アメリカにおけるこうした均質化したもののつくり方は、いってみればユニヴァーサル(普遍的)なものを目指している。「誰もが等しく」ということを実現するために、そうしたユニヴァーサルなものを実現することが、近代における処方となっていった。「誰もが等しく」ということを実現するために、近代は普遍性をテーマにしたのである。目をデザインに移そう。

つまり、「ユニヴァーサル」なデザインにすることによって、アジアであれヨーロッパであれアメリカであれアフリカであれ、貧富の差異、性差、民族差を越えて実現しうるデザインが成り立つという考え方である。このことは、都市のデザインから建築、そして日用品にいたるまで、モダンデザインとして広がっていくことになる。

たとえばニューヨークのマンハッタンのグリッド計画は、古代都市のグリッド計画と似てはいるがまったく異なったものである。支配権力を象徴するためのグリッドとは異なり、マンハッタンのグリッドは都市に特権的な象徴性を持たせることなく均質な空間を構成しようとする理念を反映している。また、ナチスの力を逃れるためにドイツのバウハウスからアメリカに移った建築家のミース・ファン・デル・ローエは、箱状のユニット化された均質空間を基本にしてそれを積層していく「ユニヴァーサル・スペース」(普遍空間)という概念を提案する。それによってミースは、巨大な建築をアメリカで実現する。そしてこの概念は二〇世紀の建築、デザインの支配的なものとなっていった。これもまた、人工的に均質化されたデザインであった。すでにふれたヘンリー・フォードはひとつのモデルから大量に同型・同質のクルマ(T型モデル。最初の生産は一八九〇年、ライン生産を一九一四年に開始)を生産することを実現した。しかも、このクルマはどのような条件の道路でも使用できるものであった。さらにいえば、労働作業を単位に区切り平均時間に割り付けるフォードの方法は社会の時間を決定していった。

デザインのユニヴァーサリズムは、大量生産・大量消費と相互に関連して、たしかに、「誰もが等しく」という社会をある程度実現したといえるだろう。これはたしかに新しい社会を人工的に構築したといえる。「誰もが等しく」という社会への指向は、一方でソヴィエトに代表されるような人工的に構築された社会主義社会を生み出した。ユニヴァーサルなデザインは、新しい近代社会を実現する処方であったと同時に、逆にそうした社会が生み出したものであり、それを可視化しているのだともいえる。

ところで、ヨーロッパにおいてデザインの規格化をもっとも早い時期に積極的に提案したのは、ドイツ工作連盟(DWB)であった。DWBは、一九〇七年にミュンヘンで、産業家、建築家、デザイナー、評論家たちによって組織された団体である。彼らの目的は、ドイツ製品の量的・質的向上ということにむけられており、いわばドイツにおける殖産興業政策と深くかかわっていたといえる。しかし、DWBは設立にあたって、産業家が芸術家や建築家やデザイナーとともに参加したというところに特徴があった。つまり、当初、ここでは産業と芸術との統合ということが理念としてはあったのだ。それは、近代デザインの夢見た理念のひとつを示しているといえるだろう。とはいえ、結果としてみれば、それはドイツの殖産興業政策の一貫としてあった。

ミース・ファン・デル・ローエ
1886-1969
Rohe, Ludwig Mies van der

DWBの活動を推進した中心的な人物にヘルマン・ムテジウスがいる。一九一四年、DWBはケルンで大規模な展覧会を行なった。これを契機にして、ムテジウスはデザインの規格化という方向を提案することになった。この意見に、アール・ヌーヴォーのデザイナーとして、また、バウハウスの設立の間接的要因をつくった教育者として知られるアンリ・ヴァン・デ・ヴェルデは反対する。しかし結果として、規格化によるインダストリアルな方向へとむかうことになる。

ヘルマン・ムテジウス
1861-1927
Muthesius, Hermann

普遍主義の矛盾

近代デザインの普遍主義的な考え方を、ここでは、バウハウスを例としてもう少し見ておこう。

近代デザインの理念と夢をたしかに先鋭的な形で示したバウハウスは、だからこそまた、同時に近代の論理そして近代のプロジェクトが抱えていた歪みと矛盾をも内包していたといえるだろう。しかし、その歪みと矛盾は同時代にあっては顕在化されることなく、意識されることもなかった。バウハウスが消え去ったあとも長い間、バウハウスは近代の合理主義にもとづいたストイックなまでの整合性を持ったデザインの実験の場であったと考えられてきた。

近代社会においては、問題を解決しようとすると次々とあらたな問題の連鎖が引き起こされてきた。それは、まるで小さな地域的紛争が連鎖し、世界戦争を引き起こしてしまうのと似てなくもない。

ともあれ、近代社会はさまざまな問題への解決の処方を求められてきた。たとえば、世界を安定させ統合する原理を失った近代社会の問題。貧困と貧困による都市の病理を抱えた資本主義的な近代社会の問題。階級的差異を消し去った平等な社会へという課題。また、一九世紀以来の国民国家という言説、普遍性を説く宗教、あるいは社会主義のインターナショナリズムなどがそれぞれ世界の統合の原理を求めることになる。既存の問題全体を解決し既存の現実を変革しあらたに世界を統合する理念と計画。それが近代のプロジェクトに求められていた。

ヴァルター・グロピウス「バウハウス、デッサウ校舎」 撮影:柏木博

「バウハウス、マイスターハウス」 撮影：柏木博

第一次世界大戦は、《すべての戦争を終わらせるための戦争》であり、《近代というプロジェクトのもつ解放の約束を果たしてくれるようにみえた》のだとケネス・フランプトンは述べている(＊4)。そうした戦争の敗戦国にバウハウスは開設された。

バウハウスの最後の校長を務めたミース・ファン・デル・ローエの「ユニヴァーサル・スペース」という考え方は、すべてとはいわないまでも多くのバウハウスのデザイナーに共有された考え方であった。たとえば、グロピウスの積み木型の住宅の提案、あるいはマルセル・ブロイヤーのユニットシステムの家具の提案にも共通したものを見ることができる。

バウハウスのデザイナーたちによって提案された普遍的空間というアイデアは近代デザインの理念であると同時に、それは、近代のプロジェクトに内包されていた普遍性への夢を具体的なかたちで引き受けるものであった。バウハウスに代表される近代デザインは、地域性や言語や民族などの自然的なあるいはヴァナキュラーな条件にユニヴァーサルな統一性の原理を求めるのではなく、抽象的な概念にユニヴァーサルな統一性の原理を求めた。そこからつくられた環境は、ヨーロッパであれアメリカであれ、アジアであれ適応するはずだと考えられる。ミースをはじめとしたバウハウスのデザイナーたちが、住宅の屋根を陸屋根にし、箱形にしたことも、ユニヴァーサルな箱による積層という意味がある。と同時に、屋根をつけることによって、屋根の形状が地域性を示すということが出てくる。つまり、屋根を切り取ってしまい箱形にすることで、地域性を持たない抽象的なデザインにすることができると考えたのである。

同じことは、小さなものでいえば、文字のデザインについてもいえる。ハーバート・バイヤーは、一九二五年、バウハウスで「ユニヴァーサル・タイプ」と名づけた文字(アルファベット)をデザインしている。普遍と名づけたこのアルファベットは、大文字をなくし、すべて小文字にしている。つまり、タイプライターに組み込むにしても、シフトキーを押す必要がなく、文字組みは簡素になるというわけだ。そして、セリフ(髭飾り)を取り去ったサンセリフ体にデザインされている。セリフの形状がイタリアやフランスなど

ケネス・フランプトン
1928-
Frampton, Kenneth

マルセル・ブロイヤー
1902-1981
Breuer, Marcel

ハーバート・バイヤー
1900-1985
Bayer, Herbert

マルセル・ブロイヤーによるユニットシステムのキッチン家具、Bauhaus Archiv　撮影：柏木博

ハーバート・バイヤー「ユニヴァーサル・タイプフェイス」

の地域性を暗示するからだ。地域性を超えた普遍的でインターナショナルなタイポグラフィの構成を望んだのである。また、そのユニヴァーサルなデザインは、貧困とそれを要因とした都市病理を救済するはずであった。

近代デザインは、できるだけ多くの人々、多くの地域にむけて配慮する必要があるという考え方を持っていた。また、社会を統一する原理を、近代の思考はいわば抽象的な純粋性に求めた。そのひとつは機械的純粋性、抽象性にある。もちろん、近代的思考は個体、個人の自立を前提にしている。しかし他方では、個体の個別性よりも抽象的な人間を前提にしてもいた。したがって、デザインにおいては、機械的純粋性と抽象性への合理は「機能主義」というかたちで展開されることになる。そして、それは環境を「標準化」することにむかう。それがモダンデザインのユニヴァーサリズムだったといえるだろう。

標準化という考え方は、バウハウスの内部だけで展開されたわけではもちろんない。すでにふれたように、バウハウスの初代校長グロピウスは、ヘンリー・フォードの規格化に影響を受けていた。また、ドイツでは第一次世界大戦後、国家効率評議会(Reichskuratorium fur Wirtschaftlichkeit)を設立し、あらゆるものをドイツ工業規格(DIN)によって統一しようとした。また、ほとんど世界で同時にそうした動きが展開された。ドイツでは、それがまるで国民運動であるかのようにこの時期に広がっていった。日本の場合でいうなら、一九三〇年代の産業合理化運動の中で、それはまさに国民運動化していった。

しかし、ユニヴァーサルな論理によって構築された環境は、必然的にそのユニヴァーサルなものから排除されるマージナルなものを生み出す。ユニヴァーサルな論理はかならず、そこから排除される人々をつくり出してしまうという避けられない矛盾を内在させている。たとえば、アジアやアフリカでバウハウスのデザインした環境がそのまま快適な環境として成立はできなかったはずだ。たとえば、ミースやグロピウスがさかんに用いた、ガラスの壁による建築空間は、エアコンディショナーのないアフリカでは、とても居住性がいいとはいえない。

マルセル・ブロイヤーによるバウハウス劇場の椅子　撮影: 柏木博

バウハウスのユニヴァーサルなデザインの論理は、抽象的概念によって構成された環境は、誰にでも、どこでも適応できるはずだというものであり、それは近代の理念のひとつとしてあった。そこに解決しがたい近代の論理の矛盾が含まれていたといえるだろう。

たしかに、普遍主義的なデザインは、大量に生産されることによって、その量的な特性から、経済的コストを押し下げ、多くの人々にものを供給することを促進した。そうした意味では、「誰もが等しく」という理念を現実のものとする考え方ではあった。普遍主義は、さきに触れたようにマージナルな存在を生み出す矛盾を含んでいる。この問題は、日常的な生活の中にあっては、いわゆる平均値という考え方としていたるところに見ることができる。その平均値の決定の基準はどこにあるのかといった問題もつねにつきまとうことになる。

近代デザインの普遍主義は、「誰もが等しく」ということを実現するはずであった。そして、一面ではそれは解決されたかのように見える。しかし、第三世界の文化、老人や子どもあるいは女性に特有な身体性、そこからくる文化的問題と差異。普遍的デザインは、それらに対応することはできなかった。そして、普遍主義はそれを解決するはずであったにもかかわらず相変わらず世界中から貧困はなくなってはいない。

この問題は現在のわたしたちの問題でもあり続けている。八〇年代に広がったポストモダン（脱近代）・デザインでは、この問題が回避されたのである。（＊5）

人間主義による進歩と進化

近代デザインにおける計画のあり方が、市場経済のシステムが生み出す矛盾である貧困の解決のための計画ということとかかわっていたにしても、それはやがてより一般的かつ抽象的にあらゆる人々が健康で豊かで快適な生活を送るための生活環境の計画という考え方に繋がっていった。あらゆる人々を対象にすることで、そこには「普遍主義」的なデザインの考え方が広がっていくと同時に、わたしたちの生活環境は、より良いものへと進化し進歩するのだという考え方が暗黙のうちに前提にされることになる。それはある意味で「人文主義＝人間主義（ヒューマニズム）」の思考に支えられているといえるだろう。

人文主義＝人間主義ということについて、そこに潜在しているテーマは、「人間の脱野生化」なのだというペーター・スローターダイクの視点は無視できない。つまり人文主義は人間を野蛮から引き戻す活動なのだというわけだ（＊6）。そうだとすれば、モダンデザインの考え方は、進歩と進化によって人間は野蛮からますます距離のある存在になるという伝統的な考え方の変奏ではないかともいえるだろう。古代的なものから啓蒙主義的なものにいたるまでの考え方と形式的には同じだといえないだろうか。

たとえば、一九世紀後半のイギリスのデザイナー、ウイリアム・モリスは、もののデザインによって人々の思考や感覚そして生活を変革できると考えていた。したがって、神ではなくものの確実性を信仰した近代の思考を前提にしている。いや、それがモダニズムのデザイナーの特徴でもある。モリスは、良き趣味を具体化したデザインを供給することで、人々を良き趣味を持った人間に変革することができ、さらにはそうした人々の生活する社会全体も変革できるのだと考えていた。どのようなデザインが良き趣味なのかということは、もちろん問うことはできない。モリスは、ものによってより良い趣味を持った人間へと、いわば進化すると考えていたということだ。

革命後のソヴィエトのいわゆるロシア・アヴァンギャルドのデザイナーたちは、革命後の社会にふさわしい生活をもののデザインによって実現しようとした。デザインによって、人々の生活を変革させようとしたのである。したがって、ロシア・アヴァンギャルドにとっても、デザインによって人々の意識は変革し進化しうるのだと考えられていたといえよう。モリスにしてもロシア・アヴァンギャルドにしても、どこかしら啓蒙主義的な思考と相同的な面を持っている。

スローターダイクは、ハイデッガーによる人間主義（ヒューマニズム）批判の再解釈を試みている。ヒューマニズムは、人間を過小評価してきたのだという。ヨーロッパの形而上学の伝統では、人間を「理性的動物」

ペーター・スローターダイク
1947-
Sloterdijk, Peter

ハイデッガー
1889-1976
Heidegger, Martin

と考えてきた。だから、進化し進歩することで動物（野蛮）から人間らしい人間になるというわけだ。人間は、「精神的な付加物」を持った動物と考えられている。こうしたヒューマニズムに対してハイデッガーは、動物と人間の差異は生物学的なものではなく、存在論的なものだとし、人間はいかなる点においても、動物とは異なっており、環境世界に固定されることなく、世界を有している存在と位置づけた（＊7）。

ハイデッガーによる人間主義への批判をスローターダイクはさらに、ニーチェを援用しつつ、人間主義による人間の進歩と進化への作業は、「飼育」でしかないのではないかと指摘する。そこに家畜の存在をアナロジーさせ、家畜とは、単に飼い慣らされているという以上に、「調教」と「育種」にかかわる存在なのであると論じる（＊8）。

また、ヒューマニズムはそれが危機的になった状態の中で当然のことながら、強固に立ち上がってくる。第二次世界大戦は、ボリシェヴィズムとファシズムそしてアメリカニズムが三つどもえになって、いわば形骸化した進歩のイデオロギーを抱え込みながら、どれもがヒューマニズムのために行使した暴力であった。

こうした解釈を受け入れるなら、近代デザインの思考の中にある人文主義的な視点が持っていた問題が見えてくるのではないか。

もちろん、モリスにしてもロシア・アヴァンギャルドにしても、あるいは二〇年代のバウハウスのデザインにしても、社会変革への理念を持ったデザインの実践には、個別的に検討していけば、それまでにはなかったまったく新しい考え方、そして、近代デザインという事後的につくられた枠組みを超えようとする考え方へと、接合していける展開の可能性が内在している。しかし、同時にそれはいま述べてきたような伝統的な人間主義の思考を変奏している面も持っていたのではないか。

とはいえ、進歩と進化を前提に生活や環境を変革するための計画を実践した、いわば理念的なモダンデザインのあり方は、一九三〇年代にアメリカで顕著となっていくデザインのビジネス化の流れ（アメリカの第一世代のデザイナー、レイモンド・ローウィやノーマン・ベル・ゲディーズらによって実践された）によって、

ニーチェ
1844-1900
Nietzsche, Friedrich Wilhelm

レイモンド・ローウィ
1893-1986
Loewy, Raymond

ノーマン・ベル・ゲディーズ
1893-1958
Geddes, Norman Bel

しだいに見えにくいものとなっていった。デザインは、市場における欲望を喚起しあらたな市場を生み出すための実践という性質がしだいに強くなっていったからだ。したがって、市場を活性化させる現実のデザインが生み出している状況を前にして、モダンデザインの理念を支えていた思考の特性を検討することが、現実から離れアクチュアリティのない作業のように思われがちになる。しかし、近代デザインの思考を繰り返し問うことは、近代の近代性とはいったい何であったのかを問う作業なのであって、きわめてアクチュアリティを持っているはずなのである。(＊9)

註・参考文献

1 ジャン＝フランソワ・リオタール『ポストモダンの条件』、小林康夫訳、書肆風の薔薇、一九八六年。
2 ここでの議論は多くを、柏木博『モダンデザイン批判』、岩波書店、二〇〇二年によっている。
3 柏木博『家事の政治学』、青土社、一九九五年。
4 ケネス・フランプトン「批判的地域主義に向けて」(『反美学』、室井尚／吉岡洋訳、勁草書房、一九八七年所収)。
5 この項は柏木『モダンデザイン批判』による。
6 ペーター・スローターダイク『大衆の侮蔑』、仲正昌樹訳、御茶の水書房、二〇〇一年。
7 前掲書。
8 前掲書。
9 この項は柏木『モダンデザイン批判』による。

第二章　グラフィックデザイン

今井美樹

グラフィックデザインの扱う範囲は、私たちの目にするすべての表現といえる。ポスターやチラシなどの広告物、書籍や新聞・雑誌などの発行物、包装や紙器などのパッケージ、これらの印刷物はつねに何らかの情報を与えつつ、造形(かたち)となって存在している。さらにサインやピクトグラム、工業製品の表示なども、環境デザインやプロダクトデザインの領域とかかわりながらグラフィックデザインの範疇にある。これらを「視覚表現」と解釈すれば、ウェブやモーションググラフィックスなどのデジタル表現もグラフィックデザインの応用にすぎない。こうした視覚による情報伝達をヴィジュアルデザイン、ヴィジュアルコミュニケーションと呼ぶこともある。

あらゆる視覚的な情報と造形にかかわるグラフィックデザインは、一九世紀後半から印刷術・写真術の進歩とともに発展し、二〇世紀初頭には芸術運動とかかわりながら変貌を遂げてきた。そして一九二〇〜三〇年代には都市生活者のスタイルとなって広告や雑誌などに展開された。こうした過程で、グラフィックデザインは人々の行動や心理までをも動かすことのできるメディアであることが理解され、時には音声や言葉以上に作用する「視覚言語」を持つにいたったのである。このことは消費文化を前提としたマスメディアならびに経済や産業のシステムのあり方を大きく変えることにもなった。グラフィックデザインの歴史は、つねに表現者たちの新しい試みによる開拓の歴史として語られるが、それは単なる視覚表現の問題だけでなく、私たちの消費行動と密接にかかわりながら今日にいたっているのである。

ジュール・シェレ「ヴァレンティノ舞踏会」ポスター、フランス、1872

近代ポスターの誕生

グラフィックデザインの最初の進化は、一九世紀後半におけるフランスのポスターに見出すことができる。ポスターという不特定多数の人々に情報を提供するメディアが成立する条件は、都市の発達と大衆社会の形成にある。産業革命によって大量生産が可能になると、大量消費を促すために商品の告知をする必要が生まれた。都市に人口が集中し、労働体系が整い余暇が得られるようになると娯楽も盛んになり、レビューや演劇、観光旅行なども宣伝されるようになった。

当時の印刷に使われた多色石版(クロモトグラフィ)は、アロイス・ゼネフェルダーが発明した石版印刷術(一七九八)の原理と、ゴドフロワ・アンジェルマンが考案した四色分解法(一八三六)によって可能になったフルカラー印刷だが、一八六〇年頃までは出版物や一部の商業印刷物の使用に限られていた。

この多色石版を用いて華やかなポスターを数多く生み出し、近代ポスターの素地を築いたのはジュール・シェレである。印刷技術の先進地であったロンドンに学び、一八六六年にパリで印刷所を開設、一八七〇年代にはみずからのスタイルを完成させた。それは若く溌剌とした近代的な女性を描いて、あらゆるものを告知する手法であった。彼は、ポスターが大衆の心理を捉え、消費社会の夢と憧れを操作しうるメディアであることを理解したはじめてのポスター作家であった。シェレは、一八九〇年までに千点以上のポスターを創作し、工房の後進を育て、印刷技術の発展と商工業に役立つ芸術分野を確立した業績に対して「ポスターの父」と呼ばれた。

一八八〇年代以降、パリではポスターが新しい表現メディアとしてにわかに注目を集めるが、それは同時にアール・ヌーヴォーの様式が市民生活に定着した時期でもあった。デザイナーとして名声を得ていたウジェーヌ・グラッセは、一八八六年からポスターを手がけ、その作風からポスターにおけるアール・ヌーヴォーの嚆矢とされている。アルフォンス・ミュシャは「ジスモンダ」(一八九五)によって一躍人気となり、彼の描く官能的な女性像にはアール・ヌーヴォーの要素がふんだんに織り込まれていた。評判となったポスター作

アロイス・ゼネフェルダー
1771-1834
Senefelder, Aloys

ゴドフロワ・アンジェルマン
1788-1839
Engelmann, Godefroi(Godefroy)

ジュール・シェレ
1836-1932
Chèret, Jules

ウジェーヌ・グラッセ
1841-1917
Grasset, Eugène

アルフォンス・ミュシャ
1860-1939
Mucha, Alphonse

家のほとんどは、同時にアール・ヌーヴォーの挿絵や装丁のデザイナーであり、家具や宝飾品などを手がけることもあった。

当時の画家たちもポスターに興味を示した。アンリ・ド・トゥールーズ＝ロートレックが、ピエール・ボナールに触発されて制作した「ムーラン・ルージュ」(一八九一)は第一作目にして最高傑作となった。絵画の平面性にこだわったナビ派の画家たちもポスター制作に熱中した。こうした画家たちの制作は、商業活動のひとつであるポスターを、芸術の領域にまで高めることに貢献している。

ポスターを取り巻く環境も整備された。次々と開設される印刷会社は人気のポスター作家を抱えるようになった。一八八一年の法律により、ポスターの掲示場所が格段と広がり、掲示職人(アフィシスト)という職業さえできた。熱心なコレクターが現れ、ポスターを商う画廊や出版物が登場し、展覧会も盛んに開催され、ポスターブームが起こった。人々はそれほどまでに広告というメディアに魅了されたのである。

ポスター文化はまもなく近隣諸国に伝播した。ベルギーではフランスとほぼ同時期にアール・ヌーヴォーのポスターが展開された。印刷技術は先んじていたもののポスターで遅れをとったイギリスでは、むしろ『ステューディオ』(一八九三)や『イエロー・ブック』(一八九四)などの文芸美術雑誌において優れたデザイナーを輩出していた。その中でベガスタッフ兄弟(ジェームズ・プライドとウィリアム・ニコルソン)の切り絵によるポスターの試みは、図像の単純化によって力強いイメージを得ることに成功し、二〇世紀の視覚表現を予見した。グラスゴーで活動したチャールズ・レニー・マッキントッシュを中心とするザ・フォーが共同制作したポスターは、本国よりもドイツやオーストリアで歓迎され次世代へと引き継がれた。

ドイツでは『パン』(一八九五)や『ユーゲント』(一八九六)などの雑誌にかかわったデザイナーたちがポスターを制作してユーゲントシュティルの様式を確立したが、二〇世紀に入りデザインの規格化に着目して近代化を進めたドイツの世紀末ポスター表現は短命に終わった。オーストリアではグスタフ・クリムト率いるヨーゼフ・マリア・オルブリヒ、コロマン・モーザーらウィーン分離派(一八九七結成)の画家たちが、「過去

アンリ・ド・トゥールーズ＝ロートレック
1864-1901
Toulouse-Lautrec, Henri de

ピエール・ボナール
1867-1947
Bonnard, Pierre

ベガスタッフ兄弟
Beggarstaff Brothers
ジェームズ・フェリアー・プライド
1866-1941
Pryde, James Ferrier
ウィリアム・ニコルソン
1872-1949
Nicholson, William

チャールズ・レニー・マッキントッシュ
1868-1928
Mackintosh, Charles Rennie

グスタフ・クリムト
1862-1918
Klimt, Gustav

ヨーゼフ・マリア・オルブリヒ
1867-1908
Olbrich, Joseph Maria

コロマン・モーザー
1868-1918
Moser, Koloman

の様式からの分離」を目指し、機関誌『ヴェル・サクルム』(一八九八)の発行と併せて、幾何学的で装飾性の高いポスターを制作した。

アメリカではフランスのポスターとイギリスの文芸誌からの影響によって、ウィリアム・ブラッドリー、エドワード・ペンフィールドらが『ハーパーズ』や『スクリブナーズ』などの高級雑誌を宣伝する小型のポスターを数多く制作した。

グラフィック表現を確立しながら欧米諸国に速やかに広がった一九世紀末のポスターは、二〇世紀には、その表現と広告環境を急速に変化させた。グラフィックデザインは、ポスターで得た視覚表現と様式を、近代化にともなう都市生活の変化に従って、マシンエイジにふさわしい合理的精神の方法論と新しい様式へと展開していくのである。

ウィリアム・ブラッドリー
1868-1962
Bradley, William

エドワード・ペンフィールド
1866-1925
Penfield, Edward

芸術運動とデザインの諸相

二〇世紀に入ると人々の生活は急激に変化した。自動車(一八八五)と飛行機(一九〇三)の発明は輸送のスピードアップを促し、ラジオ(一八九五)や映画(一八九六)が新世紀のメディアとして登場した。機械文明の革新は、世界の距離を縮め、マスメディアの規模を拡大し、各国間で共有できる情報網が求められた。近代生活および国際化への幕開きである。

この時代に特筆すべきは、写真技術の飛躍的な進歩とデザインへの順応の早さである。一八三〇年代に発明された写真は、その特性ゆえに芸術としての位置づけには論議が絶えなかったが、一九世紀末には被写体を美しく見せるための工夫として「絵画的写真(ピクトリアリズム)」が考案された。やがて紀行写真や報道写真によってジャーナリズム性が意識され、カメラが現実と瞬間を捉える道具であることを認識した写真家たちは、一九一〇年頃から被写体を直截に捉える「ストレートフォト」を提唱し、構図やトリミングの工夫が試みられた。一九二〇年代には多重露光、コラージュ、モンタージュ、クローズアップなどのさまざまなテク

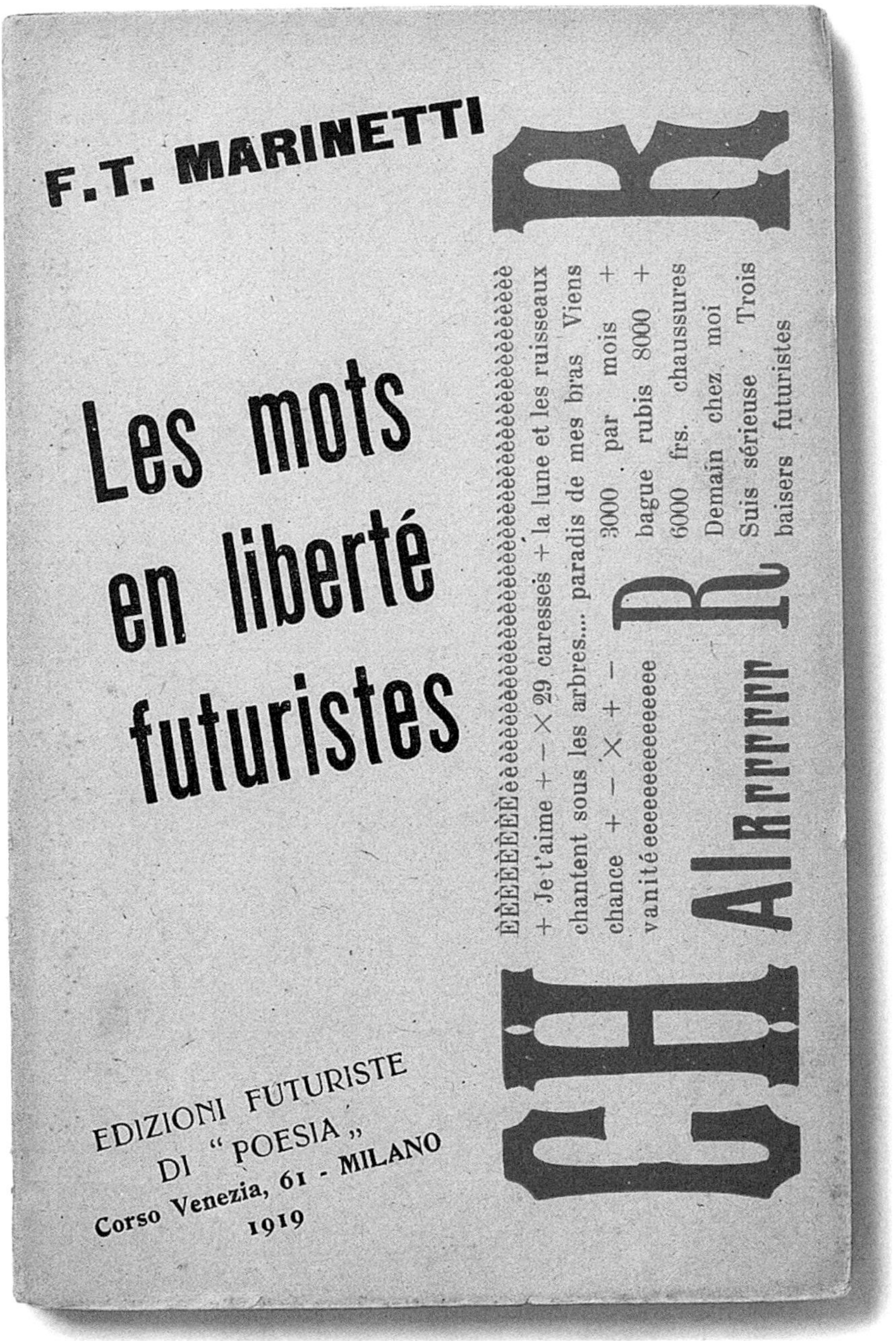

フィリッポ・トンマーゾ・マリネッティ『未来派の自由な状態の言葉』詩集、イタリア、1919
所蔵: 武蔵野美術大学美術資料図書館

ニックが開拓され、抽象的・幻想的な「前衛写真」が制作されるようになる。こうした広範な写真のイメージは、開発と同時にあらゆる視覚表現に取り入れられた。

写真術の展開は、絵画にモダニズムをもたらすと同時に、絵画とグラフィックデザインの関係にも影響を与えた。たとえばキュビスムはモチーフを分断し再構築するモダニズム絵画の典型である。パブロ・ピカソとジョルジュ・ブラックは分析的キュビスム（一九〇九〜一九一二頃）の時代に、キャンバスに新聞の活字や酒瓶のラベルなどを描き入れることで、認識不能になったモチーフを説明し画面構成にアクセントを与えた。総合的キュビスム（一九一二〜一九一六頃）の時代には、パピエ・コレやコラージュによって貼り付けられた紙や素材のマチエール（材質効果）を視覚情報として作品に取り入れた。またピカソは刻々と変化する制作過程を撮影し、その経過を記録として写真に残している。このことはモダニズム絵画の発展に、デザイン的要素やデザインの道具または手法が利用されたことを示している。

各都市で起こった前衛的な芸術運動は、その活動とイメージを売り込むために印刷物を用い、思想運動とも見紛う意思表明となって表れた。ダダと未来派がその好例である。

イタリアの未来派は、一九〇九年二月二〇日の『フィガロ』紙に掲載したマニフェスト（宣言文）によって活動を始めた。彼らはことあるごとに宣言文を発行し、演劇や演奏会のポスターによって大衆に呼びかけるというアジテーション（煽動）を芸術活動に取り入れたが、これにはマスメディアは不可欠だった。都会のスピードやダイナミズムに見出す美が、来るべき時代の芸術であると定義した彼らの活動は、詩、音楽、舞台、絵画、彫刻、建築など多岐にわたった。何よりも主導者フィリッポ・トンマーゾ・マリネッティが詩人であったことは興味深い。

マリネッティの著書『未来派の自由な状態の言葉』（一九一九）は、活字を組版から解放することで、都市の喧噪や活力を表現すると同時に、文字を造形要素として捉えるタイポグラフィの概念を備えている。意味を持つ言葉と無意味な文字の羅列によって構成されたカルロ・カッラ、アルデンゴ・ソフィッチらの詩集も新

パブロ・ピカソ
1881-1973
Picasso, Pablo

ジョルジュ・ブラック
1882-1963
Braque, Georges

フィリッポ・トンマーゾ・マリネッティ
1876-1944
Marinetti, Filippo Tommaso

カルロ・カッラ
1881-1966
Carra, Carlo

アルデンゴ・ソフィッチ
1879-1964
Soffici, Ardengo

ジョン・ハートフィールド『デア・ダダ』誌3号、機関誌、ドイツ、1920

しい視覚表現となった。多くの未来派のメンバーが、純粋芸術を制作する過程で印刷物を利用した中で、フォルトゥナート・デペロはグラフィックデザイナーとして実際の商業分野でも活躍し、ポスターや雑誌の表紙を通して未来派の視覚表現を普及させた。

一九一六年、チューリッヒで誕生したダダは、すぐさまベルリン、ケルン、ハノーファー、パリ、ニューヨークその他の都市に伝わった。トリスタン・ツァラは音響詩、無意味詩、偶然詩を追求し、雑誌『ダダ』を発行、サロン的なイベントの宣伝にも力を入れた。メンバーたちは文学から文字と言葉を解放することを試み、たびたび開催された舞踏会や展覧会のポスターには、大きさや書体の異なる活字が並び、脈絡のない写真やイラストレーションが挿入されていた。戦時下のアナーキーで反抗的な若者の精神を反映した、挑発的・嘲笑的な視覚表現を得るために「イメージの文脈」を意識的・無意識的に構築する手法は、偶然性がもたらす視覚効果と、あらかじめ計画された構図がもたらす視覚効果の両方を往き来することによって、画面構成の可能性を拡げることになった。

ダダのメンバー、ラウール・ハウスマン、ハンナ・ヘーヒ、ジョン・ハートフィールド、ジョージ・グロッスらによる作品は、写真と文字のコラージュが消費社会における広告にも、政治活動におけるプロパガンダにも応用可能な表現テクニックであることを示している。またマン・レイはシュルレアリスムにも影響を受け、ソラリゼーションやレイヨグラフなど使って、従来のリアルで記録性の高い写真表現を、幻想的で抽象的なイメージに変えた。

芸術家たちが積極的に複製技術を活用し、写真やタイポグラフィを芸術運動に組み込みながらモダニズムを進めたことによって、グラフィックデザインもまた表現の幅を広げることになった。さらに彼らの交流や共同制作が、興亡する前衛芸術のネットワークを生み、諸芸術とグラフィックデザインに国際化を促した。

フォルトゥナート・デペロ
1892-1960
Depero, Fortunato

トリスタン・ツァラ
1896-1963
Tzara, Tristan

ラウール・ハウスマン
1886-1971
Hausmann, Raoul

ハンナ・ヘーヒ
1889-1978
Höch, Hannah

ジョン・ハートフィールド
1891-1968
Heartfield, John

ジョージ・グロッス
1893-1959
Grosz, George

マン・レイ
1890-1976
Ray, Man

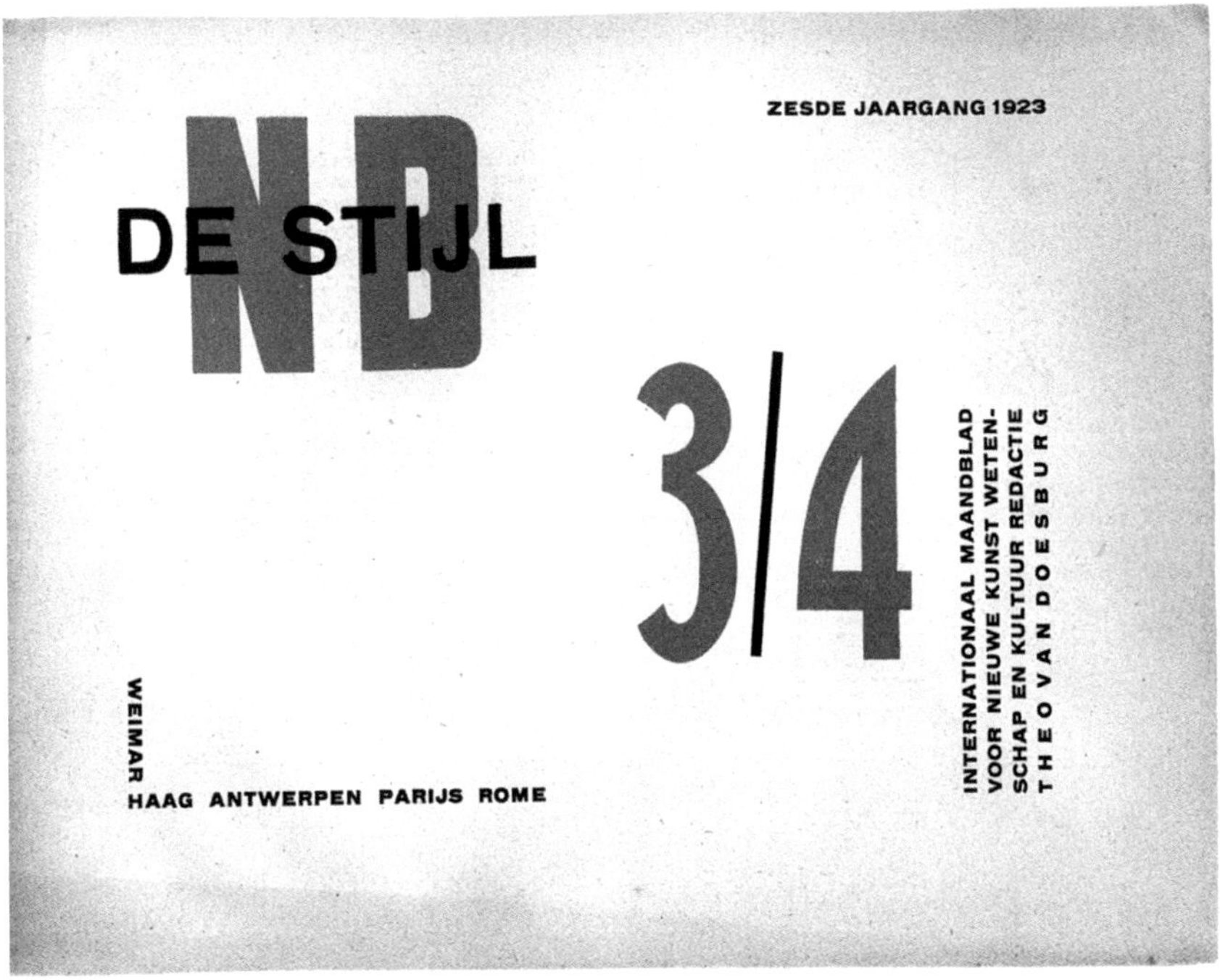

テオ・ファン・ドゥースブルフ『デ・ステイル』誌 6巻 3/4号、機関誌、オランダ、1923

ステンベルグ兄弟『カメラを持った男』映画ポスター、ソヴィエト連邦、1929

造形芸術としてのデザイン

モダンアートの手段としてでなく、日常のデザインを対象に、視覚表現に関する造形とその役割を模索した例は、オランダ、ロシア、ドイツに見ることができる。彼らの活動とモダンアートの違いは、情報伝達のために必要なエレメントを揃え、視認性、可読性、機能性を考慮した造形原理を築いたことにある。グラフィックデザインにおいては、色彩、形態、写真、文字が基本要素となって広告や書籍などに展開され、その理論は必然的に構成主義的な性格を備えていた。

オランダではテオ・ファン・ドゥースブルフが雑誌『デ・ステイル』（一九一七）を発行し、メンバーらと新造形主義の考えを押し進めた。ドゥースブルフは、新造形主義が色彩、形態、空間といった各々の関係性を構成することで、建築から日用品にいたるあらゆるデザインによって社会に浸透し、純粋芸術までをも統合すると考えていた。それゆえ彼の積極的な交流はバウハウス、未来派、ダダ、ロシア構成主義との繋がりを深め、機能性と合理性を備えたデ・ステイルの概念は、画期的なモダンデザインの発想として各国に広まった。メンバーにはピート・モンドリアン、ヘリット・トーマス・リートフェルト、バルト・ファン・デル・レック、ピート・ズワルトらがいたが、「すべての造形は水平垂直の直線と原色（赤・青・黄）で表現できる」とする急進的な理論から生まれた彼らの作品は、一様に厳格なまでの平面性が強調されている。ヴィルモシュ・フサールとヘンドリック・ウェルクマンは、この理論をタイポグラフィに適用し、正方形をモデュールにした書体を開発した。

同じ頃に発行された建築家集団の機関誌『ウェンディンヘン』（一九一八）は、変化に富んだイラストレーションが正方形の表紙に掲載され、合理性・機能主義よりも情緒・装飾性を含んだドイツ表現主義やフランク・ロイド・ライトらを擁護して、デ・ステイルと対極の表現として位置づけられた。しかし編集長ヘンドリクス・ウェイドフェルトのデザインによる、矩形内にサンセリフ書体を組み込むレイアウトは、デ・ステイルのグラフィック同様、徹底的に平面化されたエディトリアルデザインを旨としており、しばしば広告や他の雑誌にも模倣されるようになった。

テオ・ファン・ドゥースブルフ
1883-1931
Doesburg, Theo van

ピート・モンドリアン
1872-1944
Mondrian, Piet

ヘリット・トーマス・リートフェルト
1888-1964
Rietveld, Gerrit Thomas

バルト・アントニー・ファン・デル・レック
1876-1958
Leck, Bart Anthony van der

ピート・ズワルト
1872-1944
Zwart, Piet

ヴィルモシュ・フサール
1884-1960
Huszar, Vilmos

ヘンドリック・ニコラス・ウェルクマン
1882-1945
Werkman, Hendrik Nicolass

フランク・ロイド・ライト
1867-1959
Wright, Frank Lloyd

ヘンドリクス・テオドルス・ウェイドフェルト
1885-1989
Wijdeveld, Hendrikus Theodorus

新しい国家にユートピアを求めて、芸術やデザインが活用されたのも、この時代の特徴である。一九一七年のロシア革命により世界初の社会主義国となったソヴィエト連邦では、一九二〇年代から芸術とデザインを公的に奨励し、資本主義・消費社会とは異なった手段で視覚表現を利用した。すでに一九一〇年代からカジミール・マレーヴィチが、キュビスムと未来派の流れを汲むロシア・アヴァンギャルドの活動を通して、色と形の構成による絵画「シュプレマティズム」を提唱していたし、エル・リシツキーは各国の造形活動を体験しており、その後デザインを数多く手がけた。

革命後、あらたに設立されたインフク（芸術文化研究所）とヴフテマス（高等芸術技術工房）では、積極的に実験的・前衛的な制作が取り入れられた。アレクサンドル・ロトチェンコは構成主義を奨励し、みずから絵画制作を止めてポスターや報道写真に専念した。ポスターを写実的な絵画と捉えていたステンベルグ兄弟の実験的な映画の宣伝も、ロシアの代表的なグラフィックデザインとなった。

バウハウスもまた、一九一九年にドイツ・ヴァイマール共和国の国立デザイン学校として出発した。初代校長ヴァルター・グロピウスの創立宣言書には、諸芸術と手工芸・科学技術と素材の融合を狙いとする旨が記されている。すべての造形活動の最終目標である建築を学ぶうえで不可欠な教育として、印刷、写真、壁画、版画など視覚表現にかかわる工房が設置され、バウハウス叢書や展覧会カタログが発行された。とりわけ開校当初の表現主義・主情主義的な教育方針から、「芸術と工業技術の統合」を理念とする構成主義・主知主義的なモダンデザインの指導方法を選ぶにいたった過程で、グラフィックデザインの果たした役割は大きい。

印刷・広告工房（一九二四設置）では、紙面の組版と印刷に関する実験が行なわれ、広告業務も積極的に請け負った。ラースロー・モホリ＝ナギは写真による構成主義を開拓すると同時に、読みやすさと美しさを追求したサンセリフ書体の開発に取り組んだ。この成果はタイポフォト（ティポフォト）と呼ばれる写真と文字による構成のポスターとして結実した。彼はカメラをデザインの道具として捉え、写真が強く印象的なメッセージを伝えることを重視して、フォトグラム（一九二二）やフォトモンタージュ（一九二三）を開発した。

カジミール・マレーヴィチ
1878-1935
Malevich, Kasimir

エル・リシツキー
1890-1941
Lissitzky, El

アレクサンドル・ロトチェンコ
1891-1956
Alexander, Rodchenko

ステンベルグ兄弟
ゲオルギー・ステンベルグ
1900-1933
Georgy, Stenberg
ウラジミール・ステンベルグ
1899-1982
Vladimir, Stenberg

ヴァルター・グロピウス
1883-1969
Gropius, Walter

ラースロー・モホリ＝ナギ
1895-1946
Moholy-Nagy, László

ヤン・チヒョルト「職業写真家展」ポスター、ドイツ、1938

バウハウスに学んだヘルベルト（ハーバート）・バイヤーは、当時ドイツで進められていた活字と用紙の規格化という概念から、広告表現に効果的な新書体を考案し、ヨースト・シュミットもグリッド・システムによる遠近法を使いながら、広告心理学や科学的データにもとづく視覚効果を追求した。一九三三年に閉校したバウハウスは短命に終わった教育機関ではあったが、視覚表現に関する実験は広告学やマーケティングへと発展し、戦後の広告戦略の基本となって、自国に戻ったり亡命した関係者たち受け継がれた。

一九二〇年代を通してドイツ、スイス、オランダを中心に行なわれたタイポグラフィの実践は、ヤン・チヒョルトの著書『ディ・ノイエ・ティポグラフィ（ニュー・タイポグラフィ）』（一九二八）の書名に象徴されるように、文字の視認性と書体デザインの運動として広がった。構成主義とニュー・タイポグラフィに則り、グリッド・システムを使った方法論は、オフセット印刷の発達とともに、一九五〇年代の国際タイポグラフィック様式（スイス派）へと繋がっていく。

国際化・規格化にともなって新しい視覚言語を獲得したグラフィックデザインは、言語にとらわれない情報システムのデザインに発展した。一九二〇年代に子どもの視覚教育を目的に開発されたアイソタイプは、計量化の概念を正しく正確に伝えるための統計図表である。グラフィックデザインの語源でもある「グラフ」を一目で認識させ、他との比較を判りやすく説くための情報変換の方法論は、今日ではピクトグラム（絵文字）や地図・路線図をはじめとするサインとしてあらゆる場面で使われ、現在も開発が続いている。

市民生活のデザイン様式

都市生活者のデザイン様式として定着したアール・デコは、一九二五年のパリ万博（L'Exposition internationale des arts décoratifs et industriels modenes　現代装飾美術・産業美術万国博覧会）を通して全世界に波及し、建築、家具、ファッション、グラフィックにいたるデザインの共通言語となった。近代化の過程で誕生したこの様式は、すでに一九一〇年頃からある特徴をもって形成されつつあった。グラフィックにおい

ヘルベルト（ハーバート）・バイヤー
1900-1985
Bayer, Herbert

ヨースト・シュミット
1893-1948
Schmidt, Joost

ヤン・チヒョルト
1902-1974
Tschichold, Jan

A. M. カッサンドル「ノルマンディ号」ポスター、フランス、1935

ては、幾何学的な形態、力強いタイポグラフィ、明快な色彩からなる一九二〇〜三〇年代のポスターが典型例である。

ここにいたるまでに、一九一〇年代のドイツでは、「ザハプラカート（即物的ポスター）」または「プラカートシュティル（ポスター・スタイル）」と呼ばれる様式が登場した。不要な要素を排除して商品（モチーフ）と文字を大胆に配したポスターは、フランスでアール・デコのスタイルとして引き継がれ、A・M・カッサンドル、シャルル・ルーポ、ジャン・カリュルらのポスター作家が活躍した。建物の壁面に巨大ポスターが出現し、走る車窓から瞬時に理解できる明確な表現が求められた。カッサンドルの「ノルマンディ号」（一九三五）に代表されるように、自動車・鉄道・客船などの輸送機関や、電気製品、時に通信やメディアに関する広告が盛んに行なわれ、機械時代にふさわしいモチーフによって、理想のライフスタイルが表現された。同様にファッションプレート、雑誌の挿絵や広告では、社会進出を始めた女性の服飾や化粧品が、華やかなイラストレーションで描かれた。

アール・デコが市民の様式として定着する一方で、大戦間の視覚表現は戦意高揚や社会改革の道具としてプロパガンダに活用され、象徴的なモチーフを使ったポスターが制作された。たとえば第一次世界大戦中、ドイツではルードヴィヒ・ホールヴァインが双頭の鷲や赤十字を大胆に平坦化しつつ色面に細かなマチエールを与えた新しい表現を行なった。アメリカのハワード・クリスティは、星条旗や月桂樹の冠などを巧みに組み合わせ、意志の強い女性を勝利の女神に見立てた。ロシア通信局は一九一九〜二一年にかけて新生ロシアの政治ポスター「ロスタの窓」を発行した。粗末な紙のステンシル印刷ながら、誰にでもわかるコマ割りのイラストと短いテキストの印刷物は、広大な国土を持つ多民族国家にとって重要な情報伝達メディアだった。

市民生活のグラフィックデザインは、趣味や流行を繰り返し、時には国の指導下に置かれながら二〇世紀半ばまでにスタイルとして確立された。印刷物だけでなく写真・映像の分野にもあてはまるこの現象は、

A・M・カッサンドル
1901-1968
Cassandre, Adolphe Mouron

シャルル・ルーポ
1892-1960
Loupot, Charles

ジャン・カリュル
1900-1997
Carlu, Jean

ルードヴィヒ・ホールヴァイン
1874-1949
Hohlwein, Ludwig

ハワード・チャンドラー・クリスティ
1873-1952
Christy, Howard Chandler

新聞・雑誌が倍増しテレビが普及する一九六〇年代には、巨大な力を持つ広告メディアに活用されるようになる。

デザイン・システムの成立

一九五〇年代、アメリカは空前の経済成長を遂げ、「豊かなモノ」と「豊かな生活」が同義語となってアメリカンドリームを形成した。ライフスタイルとモダンデザインが結びつき、この頃から「理想の生活」が広告のイメージに盛んに用いられるようになる。広告代理店は雑誌・テレビ番組の購読者・視聴者(マーケット)に適合する広告主(クライアント)を探し、企業もまた商品のブランドイメージを高めるために広告を利用するようになった。人々の趣味や消費行動を細かく分析するマーケティング戦略が展開され、それが「ハードセル(猛烈な販売競争)」となって、アメリカに高度成長をもたらした。

戦後アメリカのデザインシステムとして特筆すべきものにCI(コーポレート・アイデンティティ)デザインと、広告のアートディレクションがある。CIはロゴタイプや広告などによって企業イメージを消費者に伝える方法論で、代表的なものにウィリアム・ゴールデンの「CBS」(一九五一)、ポール・ランドの「IBM」(一九五六)がある。早期の例として、企業家ウォルター・ペプケは、輸送用コンテナ会社CCAにデザイン部門を設置し、一九三六年に社名ロゴタイプを採用した。彼は、それまで木製だったコンテナを段ボールに変えた新式の流通方法を編み出し、企業イメージの重要性にもいち早く気づいた人物だった。またデザイナーたちの擁護者でもあり、企業広告のキャンペーンで画家に絵画制作を依頼するなど、CIデザインの先駆けとなった。

しかしCI事業が本格的に始動するのは一九五〇年代、そのデザイン概念が普及するのは一九六〇年代のことで、デザインコンサルタントを兼ねることのできた優秀なアートディレクターたちによって実践されるようになった。もとは雑誌の編集・広告やパッケージデザインから始まったアートディレクターの業務は、

ウィリアム・ゴールデン
1911-1959
Golden, William

ポール・ランド
1914-1996
Rand, Paul

ウォルター・ペプケ
1893-1960
Paepcke, Walter

ポール・ランド「IBM」ロゴタイプ、アメリカ、1950年代後半

広告代理店、クライアント、そしてデザイナーの間に立ち、消費者にもっとも効果的に情報伝達を行なうために、有効な広告の策を立てることである。

高度成長期のアメリカにあっては、その広告の多くが「理想の生活」のイメージをともなって展開された。広告によって人々に欲しいと思わせる商品にブランドイメージを与え、それがひいては企業イメージと結びついてCIを形成していくのである。これにはマーケティングから消費者の深層心理まで、あらゆる調査分析が必要であり、広告の視覚表現が「戦略」を持つことによって、グラフィックデザインがビジネスとして成立したことを意味している。アートディレクションとCIおよび広告に関するデザイン・システムは、今日でも有効な方法論として作用している。

すでにポスター成立の時代から消費社会の夢を描いてきたグラフィックデザインは、デザイン・システムとなってビジネスに取り入れられることによって、消費のための視覚装置としての機能をより強化し現在にいたっている。これ以降、広告の方法論は、テレビや雑誌が広めたカウンターカルチャーと拮抗しながら、急速に世界の資本経済に浸透していく。

イラストレーション

一九六〇〜七〇年代は、モダンデザインが広く世間に浸透する一方で、モダニズム批判も盛んに行なわれた時代でもあった。モダニズムへの批判精神は、芸術においてはインデペンデント・グループやポップアートとして、社会においては若者のカウンターカルチャー（対抗文化）として出現した。アンディ・ウォーホルは、テレビ・雑誌に登場する商品や有名人を使って、日常で消費されるイメージを作品にした。彼の作品は、誰もが知るモチーフの気軽さが受けて人気となったが、これは裏を返せばマスメディアによる大衆操作を示唆していたのである。グラフィックデザインの分野では、写真や組版を使ったモダングラフィックスへの反発としてイラストレーションが登場し、その手軽さとアナクロニズムな手法が新鮮な感覚を呼び起こし、雑

アンディ・ウォーホル
1930-1978
Warhol, Andy(Andrew)

スタシス・エイドリゲヴィチウス「第2回パリ国際ポスター展」ポスター、ポーランド、1987

誌広告やポスターなどに展開されていった。

一九五四年にニューヨークで結成されたプッシュピン・スタジオは、シーモア・クワストとミルトン・グレイザーを中心に数多くのデザイナーやイラストレーターを抱え、奇抜な色の組み合わせ、ユーモアやアイロニーを強調したグラフィックで、一九六〇〜七〇年代を通して世界の若者に影響を与えた。クワストのイラストレーションは、過去の様式を徹底的に研究しパロディ化するという、カウンターカルチャーの代表的な手法を示した。デザインコンサルタントを得意としたグレイザーも、有名企業のＣＩにイラストレーションを持ち込んで新しいイメージ戦略とした。ヴィクター・モスコソは、判読不可能に思える入り組んだ手書き文字とサイケデリックな色彩によって、ロックコンサートのポスターを多作したが、その作風は当時のファッションと呼応していた。

ヨーロッパでも同様の現象が起こった。スイスではドナルド・ブリュンやヘルベルト・ロイピンが、可愛い動物やキャラクターをポスターに描き、フランスではベルナール・ヴィユモやレイモン・サヴィニャックが、ユニークな作風と駄洒落・掛詞ふうのコピーによるポスターを制作した。サヴィニャックは絵と言葉の総合効果を「ヴィジュアル・ショック」と名づけている。

モダンデザインへの反動として始まったイラストレーションは、一九六〇年代以降、情緒的・趣味的な視覚表現として見直され、今日のグラフィックデザイナーによる絵本制作や、東欧諸国のポスター評価にも繋がっている。たとえば、資本経済やモダンデザインとは無縁に始まったポーランドやキューバのポスターにも優れたものが多く、ほとんど用いられることのなかった写真のかわりに、イラストレーターが手腕を発揮している。

ポーランドではコンサート、演劇、映画、サーカスなどの文化事業ポスターに、シュルレアリスム的で物静かなイラストレーションが用いられた。「ポーランド派」と呼ばれる一九六〇年代のポスター作家にはヤン・レニッツァ、ヘンリク・トマシェフスキらがおり、国家的支援やポスター・コンクールも手伝って、一九七

シーモア・クワスト
1931-
Chwast, Seymour

ミルトン・グレイザー
1929-
Glaser, Milton

ヴィクター・モスコソ
1936-
Moscoso, Victor

ドナルド・ブリュン
1909-1999
Brun, Donald

ヘルベルト・ロイピン
1916-
Leupin, Herbert

ベルナール・ヴィユモ
1911-1989
Villemot, Bernard

レイモン・サヴィニャック
1907-2002
Savignac, Raymond

ヤン・レニッツァ
1928-2001
Lenica, Jan

ヘンリク・トマシェフスキ
1914-2005
Tomaszewski, Henryk

〇～八〇年代にはスタシス・エイドリゲヴィチウスをはじめとする、創造性豊かなイラストレーションの技術を持った作家たちが多く登場することで、ポーランド・ポスターは国際的評価を得ることになった。キューバでは政治や映画のポスターに、小型サイズながら力強い手描きのイメージがシルクスクリーンで印刷された。これらのイラストレーションは、それぞれに幻想的で夢心地のような世界を築き上げ、カウンターカルチャーとは異なる角度から評価がなされている。

デジタルメディアとデザイン

今日、洋の東西を問わず各国のグラフィックデザインは、物流、出版、交流などを通して紹介され、視覚表現の語彙を拡げているが、デジタルメディアの登場によって情報の概念自体が大きく変わった現在、視覚表現の仕組みも変化しつつある。

一九八〇～九〇年代にはコンピュータが一般的なデザインツールとして普及し、二一世紀のデザインの大半は、パーソナル・コンピュータで制作されるようになった。CDやDVDなどの記録メディアは情報とデータのあり方を大きく変え、DTPやオンデマンド印刷によって、家庭でさえ手軽にデザインが行なえる環境になった。レイヤー（階層）という概念によるアプリケーションソフトを用いて複雑な画像を簡単に設計できるようになり、デザイナーはフォントの指定や図版のレイアウト、さらに製版の指示がみずから行なえる時代に入った。モニター上のグラフィックは静止画と動画、視覚表現と聴覚表現の垣根を払い、モーショングラフィックスを身近な制作物にした。しかしこれは同時に印刷専門の職能（写植業、活版業、製版業など）の衰退を意味しており、人々は職人にかわるツールを使って制作を行なっていることになる。またインターネットのURLで全世界の情報が繋がるWWW（ワールド・ワイド・ウェブ）は、個人レベルの情報と組織的・歴史的な情報が同列で繋がるという事態を招いている。

こうした状況にあっても、二〇世紀に獲得した視覚表現の技法やシステムは、いまのところ健在である。

スタシス・エイドリゲヴィチウス
1949-
Eidrigevicius, Stasys

だがグラフィックデザインの歴史が、印刷術や写真術の進歩によって、また芸術や人々の生活の変化によって発展してきたように、デジタルメディアもまた近くかならず二一世紀の社会に何らかの変化をもたらすことになる。私たちは過去の例を顧みながら、グラフィックデザインが、人々に等しく幸福な世界のための、あらたな視覚表現や媒体となるよう努めなければならない。

第三章　エディトリアルデザイン

奥定泰之

書物文化のメディア化

一九九六年秋に行なわれたＩＣＣ国際シンポジウム「マルチメディア社会と変容する文化——科学と芸術の対話に向けて」において蓮實重彦は《あらゆるメディアは二度誕生する》とし、映画というメディアの誕生を語る。その中で二度目の誕生をむかえたのち、現在の姿をとっているメディアの顕著な例として書物文化をあげている。その骨子はこうである。印刷技術の最初の誕生であるヨハン・グーテンベルクの発明以来数世紀、書物文化はとくに大きな変化はなかった。それが二度目の誕生をむかえるのは一九世紀の中頃、その頃発明された熱力学を利用した輪転機が印刷技術に応用されてからである。つまり大量印刷、高速印刷が可能になった印刷技術が、たんなる大量、高速であることを超え、そのことによって政治的な影響力を持つことで、よりメディアとして洗練された形に誕生するという。

しかしこの程度の書物文化の歴史は誰でも言いうることだ。この分析が優れているとすれば、大量化、高速化された印刷技術が、それにふさわしい形式と内容を持ったテキストを印刷することにより、はじめてメディアとしての二度目の誕生をむかえたことをあきらかにした点にある。それまで考えもしなかった数の読者に読まれることを前提に作られる新聞や雑誌は、書き手の意識を変え、ゆえにテキストの質も変わる。そのことによりテキストのメディア性を意識させる機能を内在した文章が、フロベールやマラルメなどによって書かれ、そこに近代文学が誕生していく。このような、印刷による社会・文化様式の変化全体が印刷技術

蓮實重彦
1936-
はすみ・しげひこ

ヨハン・グーテンベルク
1397-1468
Gutenberg, Johann

フロベール
1821-1880
Flaubert, Gustave

マラルメ
1842-1898
Mallarmé, Stéphane

の二度目の誕生であり、書物文化のメディア化である。

つまり一度生まれた印刷技術が二度目に誕生し、メディアとして社会に登場する過程で、その周りのさまざまなものを巻き込み、またそのような周辺の変化に自身が巻き込まれることにより、書物文化はメディア化していくといっていい。私たちが現在知っているエディトリアルデザインはその書物文化のメディア化の過程で、重要な役割を果たす。印刷技術がその機械化により、大量かつ高速の印刷物を刷ることが可能になっても、それを受け取る側の人間の受容する速度も高速化しないことには、全体の大量化、高速化にはならない。受容の高速化とは、読み取ることにかかわる問題であり、エディトリアルデザインの分野である。とすれば次のようなことがいえるのではないか。

印刷技術の発達により、その技術面において、つまりハードウェアの側面から印刷の大量、高速化を可能にし、輪転機の発明というその二度目の誕生により、メディア化していく。しかしその一方、ソフトウェアの側面から受容する読者の感覚を拡張し、大量にまた高速に情報を伝達する技術としてのエディトリアルデザインが二度目の誕生をむかえることにより、より完全な書物文化のメディア化がなされる。

以下この文章ではエディトリアルデザインを、たんなる視覚表現の一つとしてだけでなく、書物文化のメディア化にかかわる重要な要素として考えていく。近代において、大量かつ高速度で飛び交う情報の迅速な整理は重要な問題であった。技術的に印刷の速度が上がり、紙を大量生産することが可能になり、一人の人間が読み取らなければならない文字情報の量が圧倒的に増えていった時、それを解決するのが情報と人の間にあるインターフェイスとしてのエディトリアルデザインである。私たちはこれからその二度にわたる誕生を、歴史の中から拾い上げる。エディトリアルデザインはたんにその時代が要請する一つの表現手段や、恣意的なデザインの歴史の一形態ではない。新しいメディアの二度の誕生という文脈に則すことにより、社会や文化に深くかかわり、その文化形式をも時として変えていく力を、私たちはエディトリアルデザインに与えよう。

しかしマクルーハンのいうように、メディアはその極限まで進化していくことにより、それまでとは違う別の何かに変化する可能性を持っている。エディトリアルデザインがかかわる書物文化のメディア化もその例外ではない。ある時点で、それは現在私たちが考える形式を越えていくだろう。

マクルーハン
1911-1980
McLuhan, Herbert, Marshall

中世写本のエディトリアルデザイン

よく知られているように、マインツの金細工師グーテンベルクは活版印刷の試行錯誤を繰り返したのち、ヨハン・フストの経済的支援を受けることにより、一四五五年頃ラテン語訳「ウルガータ聖書」を印刷した。俗にいう『グーテンベルク聖書』である。たとえばその中の「聖ヒエロニムスの書簡」は、冒頭六行分の金箔を使った装飾頭文字で始まる。その部分は印刷の文字組みの段階で、グーテンベルクによって余白として設計され、刷り上がったのち、その場所に別の職人が装飾を入れていく。このこと自体はたんに中世写本の装飾の伝統を受け継いだためと考えることができるが、なぜそのような手間のかかることをしてまで伝統を受け継ぐ必要があったのか。

ヨハン・フスト
1400頃-1466
Fust, Johann

活字で組まれた書物はその誕生からすでにイラストレーションや装飾的な図像を組み込んだものとしてあり、印刷技術の誕生よりもはるか以前に、写本の装飾としてエディトリアルデザインは機能していた。とすればその始まりはグーテンベルクを遡らなければならない。

エディトリアルデザインの最初の誕生はいつか? グーテンベルクの時代よりはるか前、一二世紀のはじめ頃の『しるしに関わる三つの大きな条件について』という書の中に書物の装飾の機能についての記述がある。著者のサン・ヴィクトル学派のフーゴは、それまで装飾として扱われていた図像を、書物を明確に読むための機能として分析している。ここをインターフェイスとしてのエディトリアルデザインを意識するはじめだと仮定する。

フーゴ
1096頃-1141
Hugo(Hugues de Saint-Victore)

フーゴはその著作『道徳的箱舟』において、聖書を読み修めるため、その中心となる学修方法は瞑想だと記

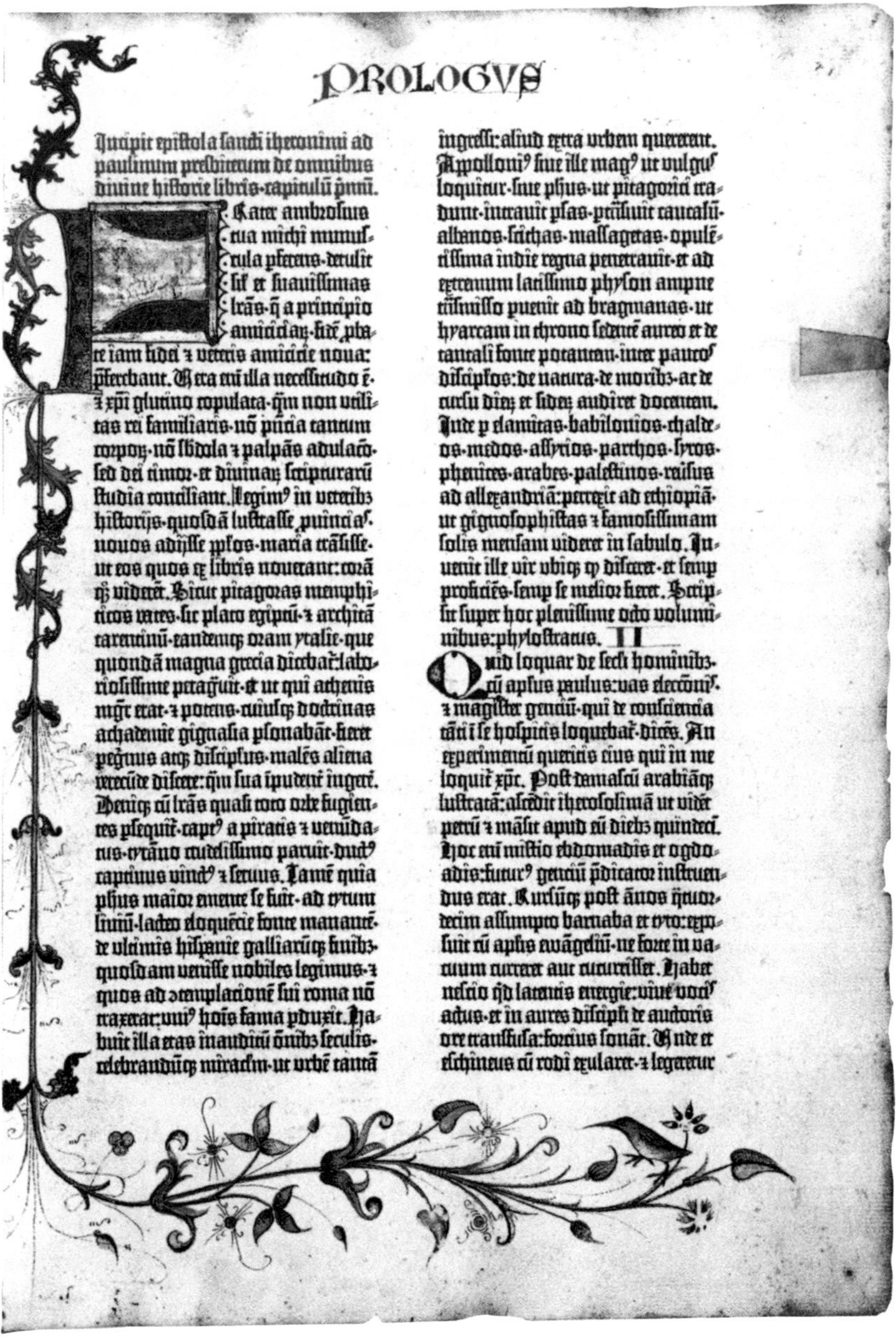

PROLOGVS

Incipit epistola sancti iheronimi ad
paulinum presbiterum de omnibus
divine historie libris capitulū pmū.
Frater ambrosius
tua michi munus-
cula pferens detulit
sil et suavissimas
lrās q a principio
amicicias fide pba
te iam fidei et veteris amicicie nova:
pferebant. Vera enī illa necessitudo ē.
et xpi glutino copulata. q̄m non utili-
tas rei familiaris. nō pñtia tantum
corpoꝝ. nō subdola et palpās adulacō.
sed dei timor. et divinaꝝ scripturarū
studia conciliant. Legimus in veteribꝫ
historiis. quosdā lustrasse pvincias.
novos adiisse pplos. maria transisse.
ut eos quos ex libris noverant: corā
q̄ viderēt. Sicut pitagoras memphi-
ticos vates. sic plato egiptū. et archita
tarentinū. eandemq; oram ytalie. que
quondā magna grecia dicebat: labo-
riosissime peragrauit. et ut qui athenis
mgr erat. et potens. cuiusq; doctrinas
achademie gignasia psonabāt. fieret
pegrinus atq; discipulus. malēs aliena
verecūde discere: q̄m sua ipudent ingerere.
Denique cū lrās quasi toto orbe fugien-
tes psequit. capt9 a piratis et venūda-
tus. tyranno crudelissimo paruit. duct9
captivus vinct9 et servus. Tamē quia
phūs maior emente se fuit. ad tytum
livium lacteo eloquencie fonte manantē.
de ultimis hispanie galliarūq; finibꝫ
quosdam venisse nobiles legimus. et
quos ad contemplacionē sui roma nō
traxerat: unius hoīs fama pduxit. Ha-
buit illa etas inauditū oībꝫ seculis.
celebrandūq; miraculū. ut urbē tantā
ingressi: aliud extra urbem quererent.
Apollonius sive ille magus ut vulgus
loquitur. sive phūs. ut pitagorici tra-
dunt. intravit psas. ptransivit caucasū.
albanos. scithas. massagetas. opulē-
tissima indie regna penetravit. et ad
extremum latissimo phison amne
transmisso pervenit ad bragmanas. ut
hyarcam in throno sedentē aureo et de
tantali fonte potantem. inter paucos
discipulos: de natura. de moribꝫ. ac de
cursu dierꝫ et siderꝫ audiret docentem.
Inde p elamitas. babilonios. chalde-
os. medos. assyrios. parthos. syros.
phenices. arabes. palestinos. reversus
ad alexandriā: pexit ad ethiopiā.
ut gignosophistas et famosissimam
solis mensam videret in sabulo. In-
venit ille vir ubiq; qd disceret. et semp
pficiēs. semp se melior fieret. Scrip-
sit super hoc plenissime octo volumi-
nibus: phylostratus. II
Quid loquar de seculi hominibꝫ.
cū apłus paulus: vas eleccōis.
et magister gencū. qui de consciencia
tanti in se hospitis loquebat dicēs. An
experimentū queritis eius qui in me
loquit xp̄c. Post damascū arabiāq;
lustratā: ascēdit iherosolimā ut videret
petrū et mansit apud eū diebꝫ quindecim.
Hoc enī mistio ebdomadis et ogdo-
adis: futur9 gencū pdicator instruen-
dus erat. Rursumq; post ānos quatuor-
decim assumpto barnaba et tyto: expo-
suit cū aplis euangeliū. ne forte in va-
cuum curreret aut cucurrisset. Habet
nescio qd latentis energie: vive vocis
actus. et in aures discipli de auctoris
ore transfusa: forcius sonat. Unde et
eschineus cū rodi exularet. et legeretur

「聖ヒエロニムスの書簡」1455頃　所蔵: 慶應義塾図書館

し、その学修を三段階に分ける。まず聖書について好んで瞑想し、そこに記されていることを集中して想うこと、ついでそこから想起される神や聖人の御業を、みずからの行動として再現すること、さらに最終段階として、それらの美徳がみずからの内部に内面化されること。その段階を経て、はじめて聖書という書物がみずからの血肉となり、聖書の瞑想的学修は完了するという。

フーゴがここでいう瞑想とは端的に記憶のことである。神の言葉が書物化した聖書は、そこに語られる実体とは大きくかけ離れた象徴記号としての文字で記されており、それらをただ眺めるだけでは学修したことにはならない。学修するとは、文字という人間の持ち物によって書かれた神の言葉を記憶し、内面化し、それらをどんな時でも想起できるような状態にすること。それが神の言葉を読み、修めるということであるというのだ。そのような聖書の受容の仕方を提唱したフーゴはまた、自身の著作『しるしに関わる三つの大きな条件について』の中に《……私たちが書物を読むとき、記憶の表象を定着させるのにたいへん有効なのは表象力によって詩句や観念の数や順序のみならず、同時に文字の色や形、位置や並び具合、すなわちこれやあれやがどこに書かれていたか、どの部分、どの場(てっぺんか、真ん中か、一番下か)に置かれていたか、文字の線や、羊皮紙の表面の彩色が何色であったかを記憶に刻みつけるように努めることだ》と記す。ここでフーゴは書物の内容を記憶するためのテクニックを述べている。

そして実際、そのフーゴからのち、シンボルを多用し、記憶を助けるための図像を多く配置した本が作られる。たとえばアウグスティヌスの『エンキリディオン』の写本では、欄外の書き込みや注釈が淡く彩色された図像で囲ってある。二匹の犬の頭部に囲まれる形で表題が記されたり、読者に注意を促す注釈も龍の尻尾に囲まれている。

このような方法で作られた書物は、その記憶の過程で鮮やかに彩色されたページの頭文字や、章の番号、説明的な見出し、またはその言葉の周囲に配置された図像をイメージとして想起する。そして読者はそれらをインデックスとして、その周辺の言葉をその図像にまつわる記憶として想い出す。

アウグスティヌス
354-430
Augustinus, Aurelius

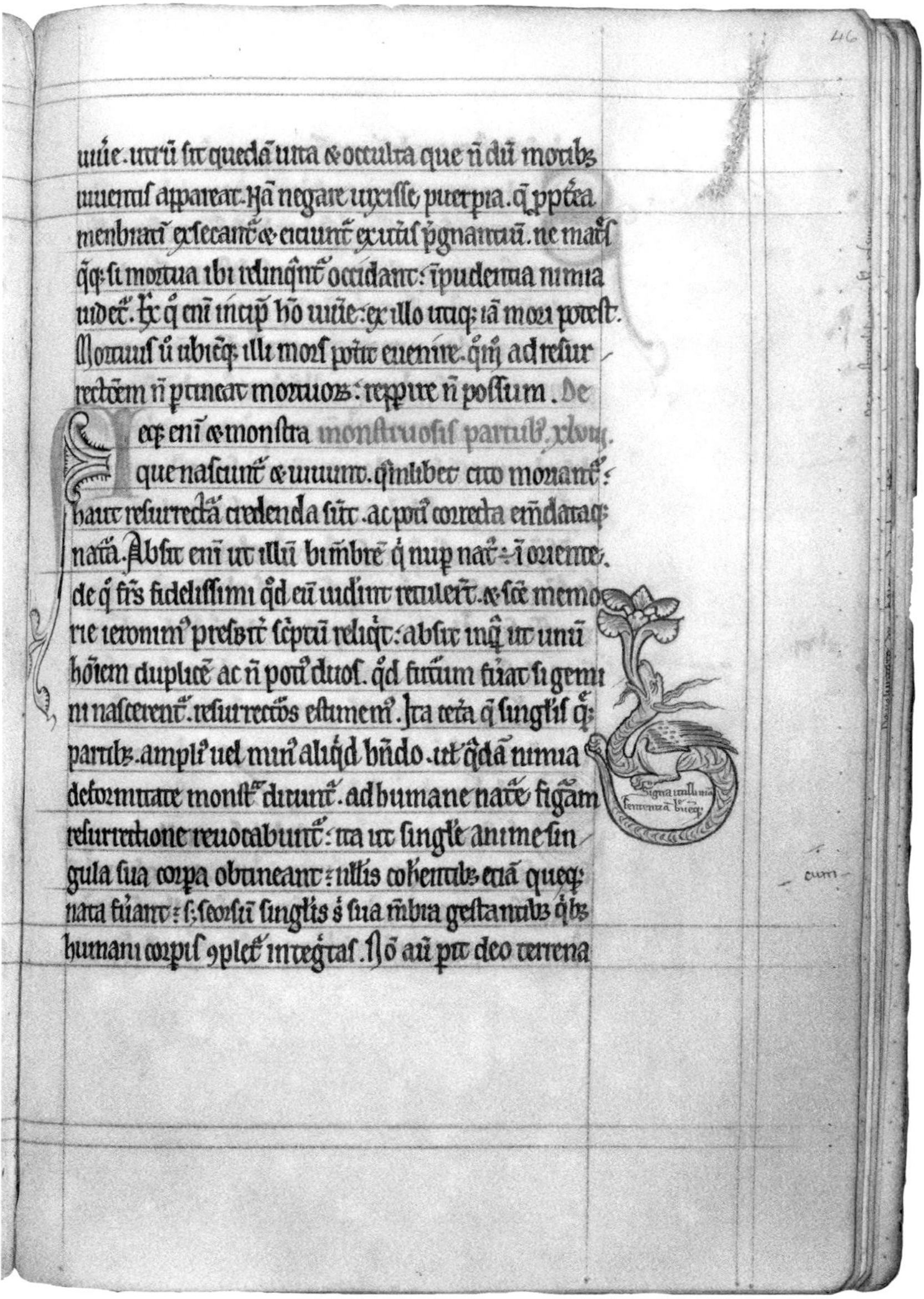

アウグスティヌス『エンキリディオン』の写本、1504頃　所蔵：Huntington Library

つまりフーゴのいう書物の装飾とは、見出しや注などをたんにその文章を読むための内容の補足として配置するのみでなく、そこに絡める図像や文字の感触により、よりよくテキストを想起させるための立体的なインデックスのような機能を持ったものだった。言い換えれば書物は装飾の機能によってイメージとして内的に補完される。以下のような記述がある。

> 優秀な人物で、驚くほど記憶がいい。ウェルギリウスの各巻の最後から二行目を挙げてくれと頼むと、たちまち記憶を頼りに整然と答えた。続いて、その前の行を暗唱するように頼むと、請われるままに暗唱した。ウェルギリウスをうしろからでも暗唱できるようだった。（中略）私たちの希望する節がどれほど多くても、彼はそれを前からでもうしろからでも整然と暗唱した。（＊1）

ウェルギリウス
BC70-BC19
Vergilius, Maro Publius

このアウグスティヌスが述べる学友シンプリキウスの特殊な能力はたんに記憶力のよさを示しているだけではない。この本の著者メアリー・カラザースがいうように、彼の能力の驚くべき点は《ウェルギリウスの詩の一行一行をコンテクストに関係なく抜き出したり、どんな話題についても名句を作り出したり、さまざまなテクストを、前からだけでなくうしろからでも延々と暗唱できる》ということにあった。つまり彼の能力はたんに暗唱能力に優れ、記憶する対象を線的《リニア》に、出現する順番もその記憶の対象として記憶していくのでなく、記憶するべき要素を、書物として記された状態からいったん解き放ち、どこからでも読めるような記憶の書物を再度頭の中に構築する。その書物はたえず元の書物である聖書に対して参照され、使用されるインデックスとしての機能を持つ。

メアリー・カラザース
1941-
Carruthers, Mary

その当時のエディトリアルデザインの機能は、読むことでイメージ化される視覚化されたもう一つの書物を頭の中に作り出すことにあった。そしてその書物は視覚化されたゆえに自分の中で自由に参照し、ランダムアクセスを可能にし、神の言葉を好きなように操ることのできるものとなる。

そのような機能が、聖書を読むこと、すなわち学修することに必要であったからこそ、中世写本のエディトリアルデザインは、必然的にイラストレーションや装飾的な図像を組み込んだものとなったのであり、簡単に省略できるようなものではなかった。だからこそグーテンベルクは聖書を印刷するにあたってその機能を保持したまま製作する必要があったのである。以降その機能は書物の中に残っていく。私たちが目にする現代の書物の中にも、見出しや注などの書体の種類や大きさや組みを変えて視覚的に地の文と区別していくような書物の設計思想を目にすることができる。それはもちろん装飾のためだけではなく、読むための機能として、情報をすみやかに内在化する機能を持った仕掛けとしてある。

しかしそのような技術だけでは現在の印刷物が持つようなメディア性を持つことはできない。エディトリアルデザインは次の誕生をむかえることによって、現在のような姿になるだろう。

ではエディトリアルデザインの二度目の誕生とはいつであろうか？　産業革命をむかえ、そこで多用される熱力学を利用した輪転機により、大量の印刷物が高速度で印刷されるようになる。さきの蓮實の印刷技術の二度目の誕生はこの時期に想定された。同じようにエディトリアルデザインの二度目の誕生も同時期を考えることができるだろうか。だが仮にテキストが大量かつ高速になったところで、その文字の情報処理速度は、理論的にはフーゴのいうエディトリアルデザインをさらに極端に洗練させれば解消されるはずだ。だとすれば従来の技術では処理できないような新しいものがエディトリアルデザインの素材として見出されなければならない。

一八三九年にフランスでダゲールがダゲレオタイプを発明してから、写真、亜鉛版印刷、オフセット印刷、網凸版製版などの技術の広範な利用により、複写としての写真を印刷で正確に再現できるようになる。ここにおいて言語とは質の異なる情報である写真が書物に登場する。従来のエディトリアルデザインでは解決できないそのような新しい技術が生まれた時、エディトリアルデザインはそれを包括しようと二度目の誕生をむかえる。

ダゲール
1789-1851
Daguerre, Louis Jacques Mandé

モホリ＝ナギのエディトリアルデザイン

写真が誕生して以来、それはさまざまなジャンルの芸術や技術にそれぞれ特有の影響を及ぼしていった。エディトリアルデザインについても例外ではない。かつてエディトリアルデザインおいて、主役は文字であった。だが写真が登場し、印刷され、大量に刷られるようになると、文字とは質の違う情報の伝達能力が広く認められるようになる。だが写真がたんにテキストの二次的な参照物であるのであれば、それは中世写本の挿画と何ら変わらない。写真がエディトリアルデザインをメディアとして新しく誕生させるには、書物の中でそこに記されるテキストと有機的に結びつき、新しい感覚を作り出す要素として扱われなければならない。そのことを最初に意識し、かつそのような理論とともに実際にデザインを始めたのはバウハウスの教師、ラースロー・モホリ＝ナギであった。

第一次世界大戦後、ヴァイマールに樹立されたチューリンゲン社会民主主義政府により、美術アカデミーと工芸学校の運営を任されたグロピウスは、両校を一つにしたヴァイマール国立バウハウスを一九一九年に設立する。よく知られているように当時のバウハウスは、その開校時の「バウハウス開校案内」のデザインに見られるような表現主義的影響を色濃く残したものであった。ファイニンガーの「社会主義の大聖堂」という木版画が添えられたその「開校案内」はセリフ体の文字で丹念に組まれ、のちに展開することになる機関誌『バウハウス』などのエディトリアルデザインとはまったく違っている。

そのようなロマン主義的かつ表現主義的な教師であったヨハネス・イッテン、ファイニンガーらがバウハウスを去ったのち、一九二三年にモホリ＝ナギが招聘される。この一九二三年という年を境にバウハウスは一気に近代的なデザインの道をたどり始める。

その翌年の一九二四年、グロピウスとモホリ＝ナギはこのバウハウスの近代化を徹底させるため、バウハウス叢書（Bauhaus bucher）の出版計画を練り始め、モホリ＝ナギはその全体のエディトリアルデザインを手がける。しかしバウハウスのような教育機関において、そのような教科書は生徒に対してはほとんど必要な

ラースロー・モホリ＝ナギ
1895-1946
Moholy-Nagy, László

ヴァルター・グロピウス
1883-1969
Gropius, Walter

リオネル・ファイニンガー
1871-1956
Feininger, Lyonel

ヨハネス・イッテン
1888-1967
Itten, Johannes

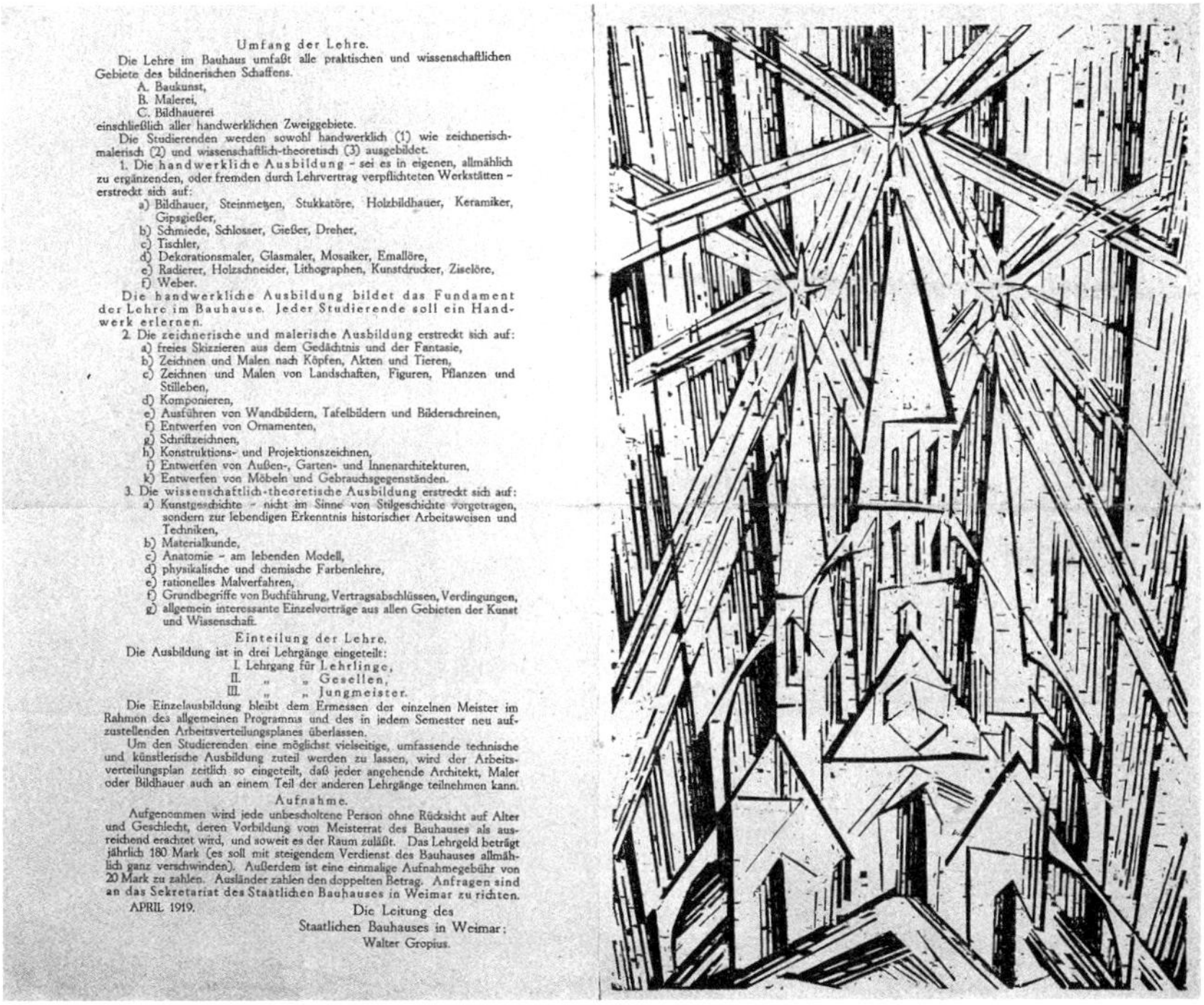

Umfang der Lehre.

Die Lehre im Bauhaus umfaßt alle praktischen und wissenschaftlichen Gebiete des bildnerischen Schaffens.

A. Baukunst,
B. Malerei,
C. Bildhauerei

einschließlich aller handwerklichen Zweiggebiete.

Die Studierenden werden sowohl handwerklich (1) wie zeichnerisch-malerisch (2) und wissenschaftlich-theoretisch (3) ausgebildet.

1. Die handwerkliche Ausbildung - sei es in eigenen, allmählich zu ergänzenden, oder fremden durch Lehrvertrag verpflichteten Werkstätten - erstreckt sich auf:
   a) Bildhauer, Steinmetzen, Stukkatöre, Holzbildhauer, Keramiker, Gipsgießer,
   b) Schmiede, Schlosser, Gießer, Dreher,
   c) Tischler,
   d) Dekorationsmaler, Glasmaler, Mosaiker, Emallöre,
   e) Radierer, Holzschneider, Lithographen, Kunstdrucker, Ziselöre,
   f) Weber.

Die handwerkliche Ausbildung bildet das Fundament der Lehre im Bauhause. Jeder Studierende soll ein Handwerk erlernen.

2. Die zeichnerische und malerische Ausbildung erstreckt sich auf:
   a) freies Skizzieren aus dem Gedächtnis und der Fantasie,
   b) Zeichnen und Malen nach Köpfen, Akten und Tieren,
   c) Zeichnen und Malen von Landschaften, Figuren, Pflanzen und Stilleben,
   d) Komponieren,
   e) Ausführen von Wandbildern, Tafelbildern und Bilderschreinen,
   f) Entwerfen von Ornamenten,
   g) Schriftzeichnen,
   h) Konstruktions- und Projektionszeichnen,
   i) Entwerfen von Außen-, Garten- und Innenarchitekturen,
   k) Entwerfen von Möbeln und Gebrauchsgegenständen.
3. Die wissenschaftlich-theoretische Ausbildung erstreckt sich auf:
   a) Kunstgeschichte - nicht im Sinne von Stilgeschichte vorgetragen, sondern zur lebendigen Erkenntnis historischer Arbeitsweisen und Techniken,
   b) Materialkunde,
   c) Anatomie - am lebenden Modell,
   d) physikalische und chemische Farbenlehre,
   e) rationelles Malverfahren,
   f) Grundbegriffe von Buchführung, Vertragsabschlüssen, Verdingungen,
   g) allgemein interessante Einzelvorträge aus allen Gebieten der Kunst und Wissenschaft.

Einteilung der Lehre.

Die Ausbildung ist in drei Lehrgänge eingeteilt:

I. Lehrgang für Lehrlinge,
II. „ „ Gesellen,
III. „ „ Jungmeister.

Die Einzelausbildung bleibt dem Ermessen der einzelnen Meister im Rahmen des allgemeinen Programms und des in jedem Semester neu aufzustellenden Arbeitsverteilungsplanes überlassen.

Um den Studierenden eine möglichst vielseitige, umfassende technische und künstlerische Ausbildung zuteil werden zu lassen, wird der Arbeitsverteilungsplan zeitlich so eingeteilt, daß jeder angehende Architekt, Maler oder Bildhauer auch an einem Teil der anderen Lehrgänge teilnehmen kann.

Aufnahme.

Aufgenommen wird jede unbescholtene Person ohne Rücksicht auf Alter und Geschlecht, deren Vorbildung vom Meisterrat des Bauhauses als ausreichend erachtet wird, und soweit es der Raum zuläßt. Das Lehrgeld beträgt jährlich 180 Mark (es soll mit steigendem Verdienst des Bauhauses allmählich ganz verschwinden). Außerdem ist eine einmalige Aufnahmegebühr von 20 Mark zu zahlen. Ausländer zahlen den doppelten Betrag. Anfragen sind an das Sekretariat des Staatlichen Bauhauses in Weimar zu richten.

APRIL 1919.

Die Leitung des
Staatlichen Bauhauses in Weimar:
Walter Gropius.

「バウハウス開校案内」1919　所蔵：ミサワホームバウハウスコレクション

かった。そこに記されている議論は十分学内の授業によって展開されている。むしろバウハウス叢書は外にむけて発行されたと考えられるべきだろう。当時の社会全体に対して発せられる近代のデザイン宣言、叢書の出版はそのような意図を持っていた。

モホリ＝ナギはその叢書の第八巻『絵画・写真・映画』において、前節で述べた前近代的なエディトリアルデザインを「線の次元」のデザインとし、写真を使うことによりいかにエディトリアルデザインが変わっていくかを記している。

どの時代でもそれ特有の視覚的態度がある。我々の時代は、映画の時代であり、ネオンサインの時代であり、感覚的に知覚可能な出来事の同時性の時代である。これは我々に新しい、たえまなく発展する創造地盤をタイポグラフィーのためにも産み出した。ほぼ今日まで続いているグーテンベルクのタイポグラフィーはもっぱら線の次元で動いている。（＊2）

彼はグーテンベルク以降、大幅な変更もないまま続いているタイポグラフィを「線の次元」のデザインだという。「線の次元」のデザインとは、直線的な思想伝達のためのデザインである。つまりある場所の思想を別の場所に伝える時、その思想が発する情報をそのまま別の場所に伝えるためのたんなる媒体として「線の次元」のデザインは機能する。そのような「線の次元」のデザインの直線的な動きを《映画の時代であり、ネオンサインの時代であり、感覚的に知覚可能な出来事の同時性の時代》の技術が刷新するという。

しかしそのような元の情報に影響を与えない伝達方法など、原理的にはありえない。だとすればモホリ＝ナギはグーテンベルクのエディトリアルデザインの何を問題にしたのだろうか。

情報を伝える手段はそれがいかに単純で簡潔な方法であろうとも、いかに貧しい印刷技術であろうとも、何かしらの影響をその伝達先に与える。文字であれ図像であれ、何らかの支持体に印刷されることでその情報は変化する。同じ意味をなす文字であっても、オリジナルテキストと印刷されたテキストは違う。ここでいうオリジナルテキストとは文字情報そのものであり、私たちはそれをそのまま目にすることはできない。エディトリアルデザインが目にすることを可能にする。そしてそれはテキストをその本来の純粋な姿から意図的に変えていくことであり、使用可能な形に物質化することである。とすれば次のようなことがいえはしないだろうか。

エディトリアルデザインが情報と人との間のインターフェイスとしてあるならば、もちろんその一義的な役割はその情報をすみやかに伝達することであり、その伝達において情報が変わることは望まれない。が、しかしエディトリアルデザインの定義上、情報すなわちテキストが純粋な形で出てくることはありえない。つまりエディトリアルデザインはその作業を望まれつつ、敬遠されるという矛盾を抱えた技術であるといえよう。たとえば編集者の「デザインしないでデザインすること、そのままの原稿を大切にして」という言葉をそのまま受け取り、原稿のまま本にすると、そのデザイナーは怒られてしまう。

このことは一九六〇年中頃にアメリカで起こった美術界の動向「アンチ・イリュージョン」のいささか楽天的なテーゼを思い起こさせる。一九六八年、一九六九年と立て続けに開催された展覧会には、現実の物体の現実性を表現するという意図のもと、布やフェルト、鉄や鉛が何の加工もされないまま即物的に展示される。そこで人は物質の持つ現実の姿そのものを、何の作為もない形として見ることになる。参加するのはロバート・モリス、カール・アンドレ、リチャード・セラなど現代でも著名な作家たちである。彼らのいう「現実を提示する」というテーゼは、さきの編集者の言葉を想起させる。そのまま展示したところでさすがに怒られはしないにせよ、絵画的イリュージョンを感知させないようにしむけられたそれらの作品は、だがしかし、会場に展示される時点で、見る者に即物的な物、現実というイリュージョンを見せてしまう。展示することにいくら細心の注意を払おうとも、そのこと自体がイリュージョニスティックな行為であるならば、そこで展開されるのはやはり絵画的なイリュージョンと捉えられかねない。現実そのものを見せることは難しい。

ロバート・モリス
1931-
Morris, Robert

カール・アンドレ
1935-
Andre, Carl

リチャード・セラ
1939-
Serra, Richard

そのことはエディトリアルデザインにもいえる。テキストという現実をいかにイリュージョンを排除した姿で、なおかつイリュージョニスティックにデザインし、再現するか。言い換えれば情報の現実をデザインしないでいかにデザインするか。

問題が二つ出た。まとめてみよう。モホリ＝ナギはその著『絵画・写真・映画』で、グーテンベルク以降のエディトリアルデザインを「線の次元」のデザインとした。だがそのような純粋な伝達などありえない。そこには別な、しかし彼が言いえなかった問題があるはずである。エディトリアルデザインの二度目の誕生を考える私たちの文脈では、やはりグーテンベルク以降のエディトリアルデザインは生まれ変わらなければならない。ならば私たちは「線の次元」ではない何を問題にすればよいのか。

そしてもう一つ。私たちはその前の論考で、二度目の誕生をむかえることになるエディトリアルデザインがその定義上、情報の現実そのものを写しとることができないことをあきらかにした。にもかかわらずエディトリアルデザインは現実を表現することを義務づけられている。この矛盾をいかに解決するか。さきに引用したモホリ＝ナギの記述は以下のように続く。

> 写真工程の参入により、それは新しい、今日全体的として知られている次元性へ広がっている。そのための始まりは挿絵入りの新聞、ポスター、ちらし印刷によって成し遂げられた。（＊2）（傍点は奥定）

ここでいわれているのはたんなる印刷物への写真の参入ではない。モホリ＝ナギは「写真工程」の印刷技術への参入と記す。周到な書き分けである。

それはテキストと写真を同時に同じ印刷物上に配置できる技術のことを指すのではない。またテキストを写真のように印刷することが可能になったことをいうのでもなければ、その逆でもない。それはテキストと写真、またはイラストレーションなどはそもそも印刷物においては明確に区別されえないということを、写

ラースロー・モホリ=ナギ『絵画・写真・映画』1925 所蔵: 武蔵野美術大学美術資料図書館

真技術の参入、あるいは写真植字技術などの新しいテクノロジーが見出したということである。

前節の例でグーテンベルクは、装飾をあとから入れるための余白を文字組みの際に残していた。そのことで文字と図像は別々に刷られるため、別の階層にあるものだということを当然意識させられる。フーゴにおいて、テキストとの有機的かつ機能的な合致であった図像とそのエディトリアルデザインも、そのような稚拙な技術のためにその機能は縮減される。印刷面の違いにより読者は――たとえグーテンベルクがいかに優れていたとしても――フーゴの意図した読みに厳密には従うことはできないだろう。定着させられる支持体と同じレベルにぴったりとテキストや写真などの印刷物の要素がおさまっているからこそ、お互いがお互いに影響を与え合う、錯綜した視覚言語を読むことができる。

では、たんに図像が文字と同じ支持体上に、同じ手法で刷られればよいのか。かつての書物の中でも、図像を印刷の工程に入れることは考えられていた。またそれは木版などによって早くから実現されていたはずである。しかしなぜ私たちはそれをエディトリアルデザインの二度目の誕生に想定しえないのか。またモホリ＝ナギ以前にも写真を印刷技術に組み込み、文字と写真の混在する印刷物があるにもかかわらず、なぜ彼の写真工程の印刷技術参入こそを第二の誕生とするのか。

モホリ＝ナギがいう写真はそれまでの写真や図像とは本質的にまったく違うものであった。従来の図像や写真とは、視覚という感覚器官のみに訴えかける単純な視覚言語であった。それは文字の情報を補完するための二次的なものであり、現実の単純な複写である。だが彼の見出した写真はたんなる現実のコピーでなく、新しい現実の「自然」を作り出す力を持つ、新しい造形手段であった。それは新しい感覚を持つ近代の人間を作る。彼は写真という新しいテクノロジーによって従来の視覚を超えようとしていた。さきほど引用した記述と同じ本に以下のような記述がある。

我々の視覚器具、目、では知覚できないかあるいは受け入れられない存在を、写真装置を使って目に見えるようにすることに思いいたったであろう。すなわち写真装置は我々の視覚器具、目を、より完全なものにできる、というより補うことができるのである。（＊2）

のちにモホリ＝ナギはカメラの機能的特性に着目し、写真を、対象がカメラの後部壁にある感光面によって光として捕らえられる仕組みのことであると考える。そしてカメラを用いない写真である「フォトグラム」（Photogramm）の実験を始める。それはルネサンス以降の透視図法を超える試みであった近代絵画のさまざまな視覚実験を私たちに想起させるだろう。また彼は《タイポグラフィーは印刷で形作られた情報伝達である。写真は光学的に把握され得るものの視覚的表現である。タイポフォトは視覚的に正確に提示された情報伝達である》と述べ、テキストや文字という峻別を超えた「タイポフォト」（Typophoto）という手法を提案する。その一つの実践として一九二五年、モホリ＝ナギによって『大都市のダイナミズム』という映画の台本が完成する。

その書物には図像と文字という峻別は成立しない。示される記号は読者に読む方向やそのテキストの強度を示唆し、文字と密接にかかわる。また文字はタイポグラフィとして組み込まれ、それ自体が図像のように振る舞い、それが文字に折り重なる。そこにおいて写真は視覚言語としてのテキストでもあり、文字はタイポグラフィとしてその言葉が示す意味以上の図像的意味を持つ。この映画台本は写真とテキストの直接的な組み込みにより、モホリ＝ナギのいう「視覚的‐連想的‐概念的‐総合的な連続性」のうちに従来の書物の読まれ方を超えていく。

実はこのような書物こそがフーゴが目指すものであったのではないか。モホリ＝ナギの写真やタイポフォト、あるいはエディトリアルデザインは従来の視覚を超え、身体のあらゆる経路を通じて入り込む。そのような伝達こそが理解を深め、真の情報を身につけることを可能にする。フーゴより以前、このような視覚を超えた感覚により読書するということは、神学の修行の重要な過程であった。

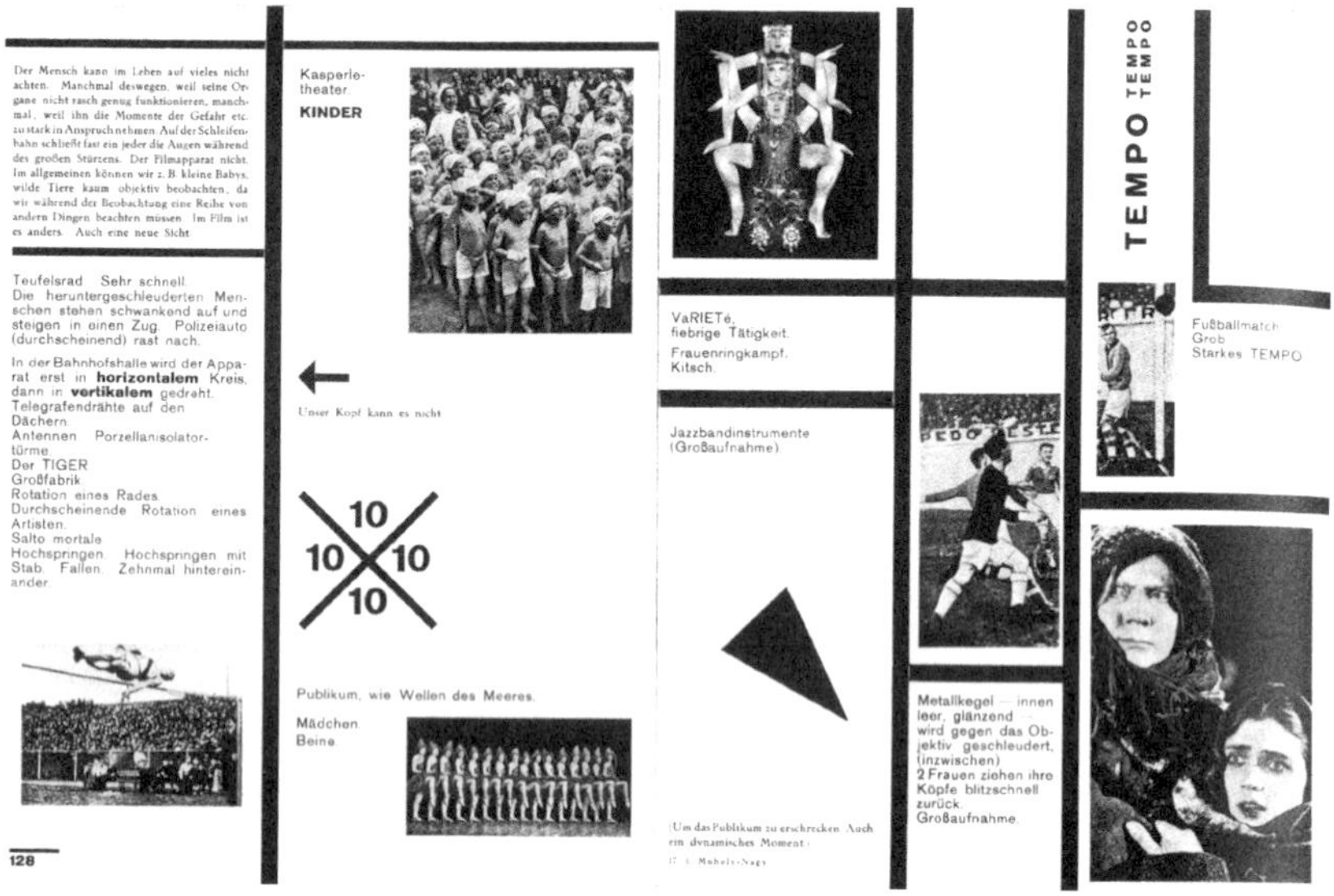

ラースロー・モホリ=ナギ『大都市のダイナミズム』映画台本、1925

聖ベネディクトゥスが聖書を受容する方法を「黙読」(tacite legere)、あるいは「呟き読み」(legere sibi)と命名したように、聖書は古代から読む対象であった。そこでは読むということは理解することと同義であり、それは記憶し想起することと繋がっている。つまり読み、黙読することはよりよく想起するために考え出された方法であった。修練を積み、ひたすら口の中で呟き、声として発することで、発音した言葉を筋肉によって記憶する。または発した声を自分で聞くことにより聴覚に記憶する。言い換えればあらゆる身体の感覚器官を介して言葉を体験することで、その身体的な経験を利用して記憶していく。ひたすら言葉を唱えることにより神の言葉は自身の身体的な体験としてすりかわる。その呟きの繰り返しはある種の神学的な体験となる。そしてそれは必然的に祈りとなっていく。つまり呟き読むこととは、神と一体化し、いまとは違う別の世界を体験することであり、これが神学者の修行、祈りであった。

聖ベネディクトゥス
480-547
Benedictus

フーゴのエディトリアルデザインを苛烈に進化させることで図像やテキストの区別はなくなり、それらは視覚を超えたあらゆる回路を通じて身体に入ってくる情報として処理される。そこには文字なのか図像なのか峻別するすべもなければ、その必要もない。現実の情報がイメージとして処理されるそれは情報そのものであり、それらが読む人のうちに新しい世界を構築する。それが現実になる。

だが、それこそがシンプリキウスが見ていた頭の中の書物ではないか。

書物の未来

ボルヘスの描く物語は書物の特徴をよくあらわしている。『トレーン、ウクバール、オルビス・テルティウス』ではビオイ=カサレスとの些細な議論から、ウクバールという国を百科事典で探し始める。その国にまつわるさまざまな書物を読むうちに、そこに記載されているウクバールについての記述の現実とそれを読むボルヘス自身の現実、あるいはウクバールにまつわる他の国々の現実などが錯綜し、絡み合う。それが『トレーン、ウクバール、オルビス・テルティウス』というテキストを読む読者の現実になる。

ボルヘス
1899-1986
Borges, Jorge Luis

エディトリアルデザインはフーゴ、モホリ＝ナギを通過することによって、二度の誕生をむかえ、メディアとして完成した。私たちが見てきたように、身体のあらゆる経路を通じて介入してくる情報が、エディトリアルデザインにより書物を見る人の感覚を拡張し、情報の新しい現実を作り出す。

そのリアルな現実により人は欲望し、それが広告のエディトリアルデザインとなる。写真であれコピーであれ、それらを総括するエディトリアルデザインが作り出す現実感がその欲望を生み出し、広告として成立させる。あるいは文学作品のエディトリアルデザインはその作品世界をいかに作り出すかにそのすべてをかける。ことによればエディトリアルデザインがある種の文学のイメージやその読まれ方などを規定する場合もあるだろう。雑誌上の任意のページはいかに唐突にそのページが出てきたとしても、エディトリアルデザインにより自然な雑誌構成が作り出され、その自然さゆえに人はスムーズに雑誌を読むことができる。

近代の大量化、高速化された印刷技術により、人はより大量の情報を高速に処理しなければならなくなる。だがいくら情報が大量にあろうとも、それを読みとる人が潤滑にすみやかに受け取ることができなければ意味がない。そのためのテクノロジーとしてエディトリアルデザインは二度の誕生をむかえ、人は高速かつ大量に情報を閲覧することができるようになった。自分に必要のない情報は排除し、必要な情報を効率よく取り出す。上質なエディトリアルデザインにより印刷された新聞や雑誌にはそれが可能になった。私たちにはその洗練されたエディトリアルデザインが用意する現実のみが見えている。

だがしかし、と問わなければならない。

前節において私たちは二つの問題を立てた。私たちはそのうちの一つしか解決していない。問題はもう一つ残されている。エディトリアルデザインはその定義上、情報の現実そのものを写しとることはできない。しかしまたエディトリアルデザインはその定義上、現実を表現することを義務づけられている。これをどのように解決するか。

そもそも現実とは何か。先鋭的な感覚の実験はつねに芸術の分野で行なわれる。前節で私たちは「アンチ・

イリュージョン」という美術界の動向を見た。そこでいわれた「現実を提示する」というテーゼは厳密には失敗に終わっている。現実に「現実」を提示するために用意した途端、それは作為的なものとなり絵画的なイリュージョンに絡め取られる。その時点ですでに現実ではなくなるというきわめて不毛な事態である。

その「アンチ・イリュージョン」の展覧会の翌年、一九七〇年九月に「シュポール／シュルファス(支持体／表面)」という展覧会がフランスで催される。そこに展示されたものは不思議なものであった。垂れ下がって波打つ布、描かれたものを寸断するかのように切断された画布、折り畳まれ色を染み込ませたものを拡げただけの布地など。置かれたものはまるで何かになることを遅らされているかのように中途半端な状態でそこにある。それは「アンチ・イリュージョン」のセンセーショナルな「現実を提示する」というテーゼや、その展覧会場の物体があからさまに物質として置かれる、そのさまとは対称的であった。

だが、むしろそうであるからこそ、彼ら「シュポール／シュルファス」の示す現実のほうがより現実そのもののように見えないからこそ、「現実を提示する」というテーゼがふさわしい。いやそのようなテーゼが「シュポール／シュルファス」には当てはまらないから現実的というべきか。

せり上がる表面とそれを支え続け、自身は身を隠す支持体。その間にある「／(スラッシュ)」はその二つを交換可能にし、そのどちらが現実でどちらがイリュージョンなのかという問いを錯乱させ、はぐらかす。しかしだからこそ人は現実とはこういうものなのかもしれないと思い始める。

そもそも現実とは線的に、一つの形として構成されるものではまったくない。むしろその形は無数にあり、中途半端で、とりとめもなく、錯綜する。現実とはそのような諸機関の複雑な絡み合いそのものをいうのではないか。

だとすれば私たちがさきの問題を解決するためには、無数の形を持ち、読むたびにその姿を変え、そのたびに新しい読書体験を促す、ボルヘスの『砂の本』に出てくるような不思議な本を想定しなければならない。始まりもなく、終わりもなく、一度見たページに二度と会うことのない無数のページを持った本。その本が

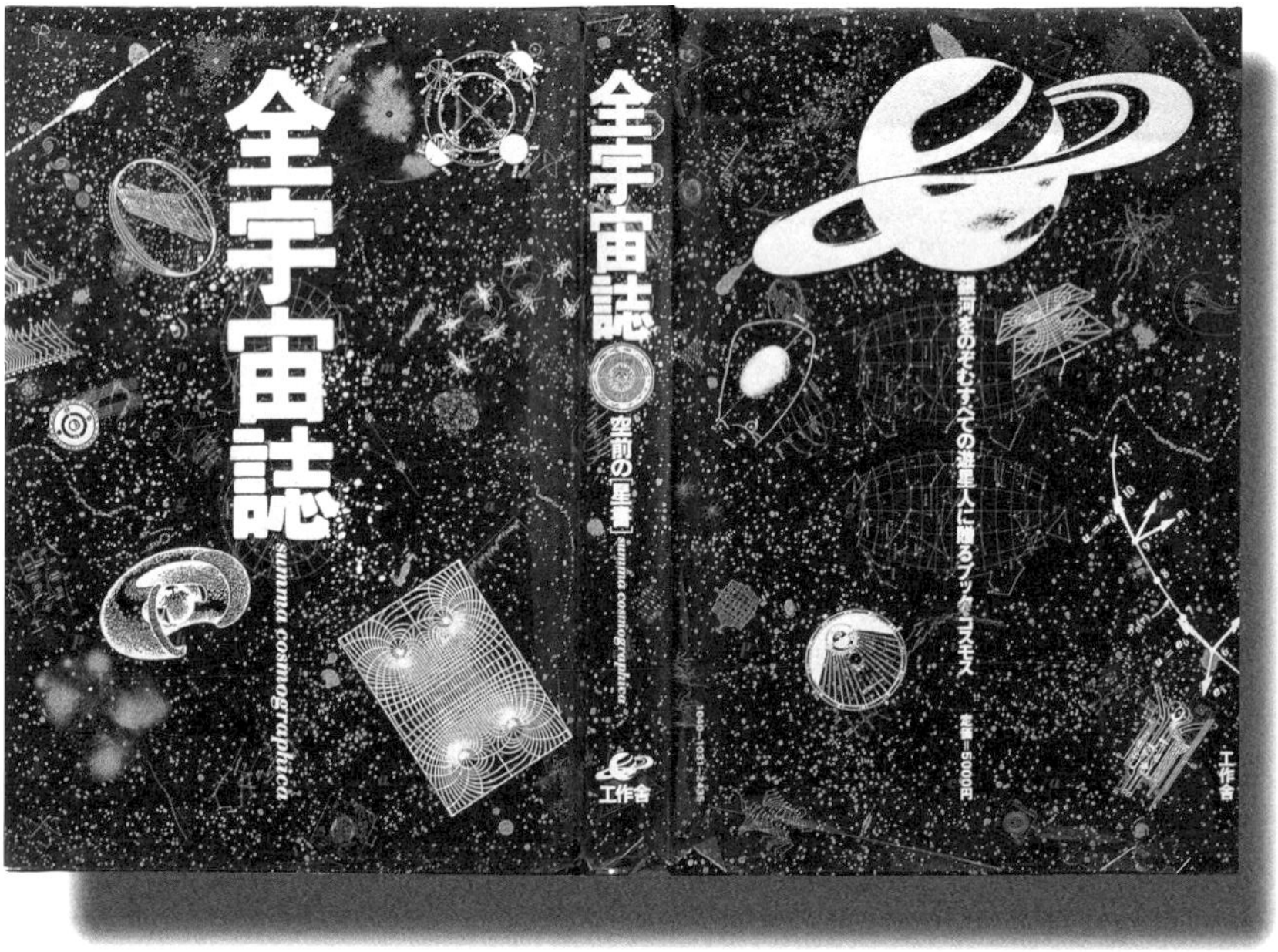

A

杉浦康平『全宇宙誌』1979
写真提供 : A / ギンザ・グラフィック・ギャラリー　B, C / 日本デザインコミッティー（撮影 : 佐治康生）

B

C

エディトリアルデザインの矛盾を解決する。だがその本は現在私たちが考えるエディトリアルデザインの領域を超えている。それは未来の書物の一つの形となるだろう。

一冊の本には対象《オブジェ》もなければ主題《シュジェ》もない。本は種々さまざまな具合に形作られる素材や、それぞれまったく異なるさまざまな日付けや速度でできているのだ。本を何かのある主題に帰属させるということはただちに、さまざまな素材の働きを、そしてそれら素材間の関係の外部性をないがしろにするということだ。（＊3）

ドゥルーズ／ガタリはその著書『千のプラトー』で、私たちの考える「現実の本」を明確に示す。その本は他のさまざまな本と接続し、その多様性を拡張する。その本はいかなる切断も拒まないし、またいかなる折り曲げも可能である。そしてそれは多様に変化する可能性を秘めている。

そのドゥルーズ／ガタリの記述やボルヘスの『砂の本』は私たちに『全宇宙誌』という書物を想起させるだろう。一九七九年に杉浦康平により作り出されたこの本は、もちろん厳密には『砂の本』とは違う。だがこの本を前にする時、微かな書物の未来の予感を覚えてしまう。

書名は透明なカバーに白いインクで刷られており、その下の表紙には黒い紙の上に銀で刷られた図像がある。本文はスミベタに文字白抜きですべて構成され、表紙から最終ページまでほとんど同じ強度のヴィジュアルが連なる。おそらく本文の任意の一ページを仮に表紙に配置したところで、この本の総体は何ら変わるまい。始まりも終わりもほとんどその役目を放棄したかのように見える各々のページは、しかしそれがなお一個の『全宇宙誌』という名を持った書物であることを主張しているとしたら、それはカバーとそこに刷られたタイトル文字による。それが外されるとほとんど手の中におさまる一五〇〇立方センチの体積を持つハンディな宇宙空間そのものになる。実際杉浦はこの書物について次のようにいっている。《横幅一八二ミリの

ジル・ドゥルーズ
1925-1995
Deleuze, Gilles

フェリックス・ガタリ
1930-1992
Guattari, Félix

杉浦康平
1932-
すぎうら・こうへい

寸法に、どうやって地球から月までの空間を写しとるのか。全宇宙空間をB5見開きに呑みこむためには、どうしたらいいのか》（＊4）。

このような書物は情報を現実化する方法の一部であり、もちろんその全体ではない。またその「現実」の表現も実際のそれの縮減されたものであり、実際に書物であろうとするならば、その現実を完全に写しとることなど不可能である。だが杉浦の『全宇宙誌』はその可能性を開く。

現在、書物以外のさまざまなメディアが書物たろうとしているが、そのほとんどが成功していない。なぜか。それは書物というメタファーの物真似にすぎないからだ。書物は本来そのようなメディアがけして真似することのできない独特の機能を持ったメディアである。他のメディアが書物の特性だと思って真似をしている部分は、書物のほんの一部に過ぎない。書物の本質はそこにはない。書物は接続し、多様化し、分裂する。書物は現実にかぎりなく近づく。その未来があるかぎり書物はなくならない。エディトリアルデザインがその可能性を開く。

註・参考文献

1 メアリー・カラザース『記憶術と書物』、別宮貞徳監訳、工作舎、一九九七年。
2 ラースロー・モホリ＝ナギ『絵画・写真・映画』、中央公論美術出版、一九九三年。
3 ジル・ドゥルーズ／フェリックス・ガタリ『千のプラトー』、河出書房新社、一九九四年。
4 杉浦康平『疾風迅雷』、トランスアート、二〇〇四年。

第四章　ファッションデザイン

井上雅人

モダンデザインは、ファッションを対象としてきたか

ファッションは、モダンデザインの枠組みの中に、どのように位置づければよいのだろうか。ファッションを、その他のプロダクトや建築と同じように論じることはできるのだろうか。そもそもファッションは、モダンデザインの対象となってきたのだろうか。少なくとも、「デザイン史」という学問領域の対象としては、ファッションデザインは定着しているとは言いがたいようだ。たしかに「ファッションデザイン史」という分野はあるし、非常に多くの研究もされている。しかし、それは、デザイン史の一分野としてされてきたわけではなく、服飾史の延長としてなされてきたきらいがある。「ファッションデザイン史」が特権的な地位にあるのか、貶められているのかは別として、どうやらその他のモダンデザインの対象物とは一緒に論じにくい何かがあるようだ。

それは、ファッションデザイン史の射程はどこまでなのかという問いとも密接に関係している。わたしたちはファッションという言葉をあまりにも便利に使い、それによってあまりにもさまざまなものを指し示してしまうので、かえってファッションが何を指し示すかがわからなくなっている。通常、ファッションとは衣服を指すものだと思われているが、よく考えてみると、一時的な軽薄な流行という意味でもファッションという言葉は使われている。そして、否定的に使われる時に、衣服と関係があることはほとんどない。

そこまで極端な例をあげなくても、鞄や靴、アクセサリーなどの手工芸品もファッションの領域だと考え

られている。では眼鏡や腕時計はどうだろう。これらはもはや機械であって、縫製されることはないし、手工芸品のように職人が手作業で作るわけではない。しかし永瀬唯が《一八八〇年代のある時期からちょうど一〇〇年余り、腕時計は、機械化された身体というイメージのシンボルでありつづけた》（＊1）というように、腕時計がファッションアイテムとして、身体のイメージを形づくる大きな要素であることに間違いはないだろう。

さらには、自転車はどうだろうか。あるいは、自動車なども多分にファッションの要素が強いが、これもまたファッションと考えるべきなのだろうか。H・B・レントは『カー・スタイリング』の中で、ファッションと車のスタイリングのあり方を比較して、《車のスタイリングは、その時代の感覚を捉えていなければならないということを、特に認識しよう。スタイリングは、〝傾向にそって〟いなければならないし、時代にマッチしていなければならない》（＊2）と述べ、その類似を指摘している。車のデザインをファッションデザインと類似するものとする考え方は古くから製作者側にも見られるもので、別に突飛なことではないのだ。

こう考えていくとファッションはすべてのものを覆い尽してしまう。他のプロダクトや建築もファッションだとすれば、ファッションはデザインの一領域ではなく、デザインとは違う角度の視座ということになってしまう。ちょうどマクルーハンが「メディア」という言葉を補助線として、身体を延長するものすべて、つまりあらゆるものを解釈しようとしたように、「ファッション」を、ものの所有と表象を通して自己を形づくる行為と捉えれば、人間と身体とアイデンティティとコミュニケーションにかかわるすべてを説明することができるだろう。「ファッション」とはそれほどに万能な言葉であるが、あまりに領域を拡げすぎると何も語れなくなってしまう。そこで、ここでは基本的な考え方を踏襲して、ファッションデザイン史を衣服デザインの歴史と考え、そこから見える問題にこだわってみることから始めよう。

マクルーハン
1911-1980
McLuhan, Herbert, Marshall

パリにおいて、ファッションがいかに産業になったか

ファッションデザイン史は、他のデザインの領域と同様に、デザイナーの歴史として捉えることができる。デザイナーの作品として発表される衣服は、パリ・コレクションを中心とした「モード」と呼称される世界の一端として了解されている。

現在でも、少しずつ前シーズンを否定しては美の価値体系を作り続けていこうとするこの構造は、それがほぼ完成した七〇年代とほとんど変わっておらず、ニューヨーク、ミラノ、ロンドン、東京と予定の範囲内で覇権争いをしながらも、パリが不動の中心地となっている。さきの読めないことの代表としてあげられるファッションではあるが、特定のものを流行させていくことは困難であっても、次から次へとアイテムを流行させていくシステムは安定期に入っているのだ。

それでは、この「モード」と呼ばれる世界はいつ頃から成立したのだろうか。フランス、とくにパリがファッションの中心になったのは一八世紀のルイ一五世の治世だろう。この時期宮廷文化が花開き、ポンパドゥール夫人が王の寵愛を受けて、衣装が臣下の忠誠心や能力の証として政治的にも重要な意味を帯びたのはあまりにも有名ではあるが、この時期に流行したのは「ローブ・ア・ラ・フランセーズ」とその亜種たちである。「ローブ・ア・ラ・フランセーズ」は直訳すれば、「フランスの衣服」という意味だが、この時期、ほかにも、「ローブ・ア・ラ・ポロネーズ」「ローブ・ア・ラ・シルカシェンヌ」「ローブ・ア・ラングレーヌ」「シュミーズ・ア・ラ・レーヌ」など、地名を冠したドレスが次々と流行った。これらの衣服はその名が示す地域で着用されていたものを宮廷に持ってきたというわけではなく、そこが産地の素材を使ったというわけでもない。名前が指し示す地名と、衣服の形の間に何ら関係はなく、つまり、指し示す対象と名前とが乖離し始めたのだ。

その後、フランスは一八世紀末に革命を経験するが、革命後、人々は貴族の衣装を脱ぎ捨て民衆の衣装をシンボルにしたり、逆に革命に反対して貴族らしさを誇張した衣服を着用したり、ナポレオンが皇帝であることに忠実であろうとして何ごとにも古代ローマふうを持ち出すに及んで、衣服はますます政治的、人工的

フランソワ・ブーシェ「ポンパドゥール夫人」1756

ローブ・ア・ラ・フランセーズを着たポンパドゥール夫人。ポンパドゥール夫人はルイ15世の寵愛を受け、衣服は政治の要素と化した。

に意味づけられ形を与えられ、流行として受け取られるものとなっていく。こうして階級や職業と衣服の間の密接な関係は、徐々に解きほぐされ、自身をメディアの中に陳列されたイメージに照らし合わせて着替え続けるファッションの世界が形づくられていったのだ。

しかし、衣服の形と意味と着用者との強固な繋がりが崩されていったから、今日のファッションが成り立ったわけではない。エリザベス・ウィルソンがいうように、《工業化や都市化》（＊3）の進行が不可欠なのだ。大量に同質の製品を作り出すためのテクノロジーや、大量に販売するための流通販売網や、大量に情報を伝達するためのマスコミュニケーションが発達しないことには、ファッションが成立することはない。加えて、職業としてデザインが成立することも必要となる。

デザイナーの元祖と目されているのは、シャルル＝フレデリック・ウォルトだが、彼がデザイナーのはじめとされるのは、オートクチュールというシステムを作ったからである。彼はもともとイギリス人で、ワースという名であったのだが、一八四五年にフランスに渡り、フランスふうにウォルトと呼ばれ、五八年には自分の店を開きオートクチュールの制作システムを整理していく。とくに着目すべきは、ウォルト以前の仕立屋は客との話し合いの中で、客の意向を反映させながら徐々に服を形づくっていくという方法をとっていたのだが、ウォルトはモデルに見本の衣服を着用させ客に提示して、気に入って購入を決意した客の体型にそれを仕立て直すという、現在も行なわれている方法をとったことであろう。これによってデザインの段階で客の趣向に翻弄されることがなくなり、デザイナーは衣服に対して作者として圧倒的な影響力を及ぼすようになっていった。

逆説的ではあるが、近代に入り大量生産が可能になり、それまでの手工芸によって一人が最初から最後までものを生産していた時代が終わり、一つのものの生産に対してたくさんの人間がかかわるようになると、「作者」の存在が浮上するようになる。ベンヤミンは「複製技術の時代における芸術作品」において、複製芸術における「アウラの消失」を指摘したが、実際は、複製芸術であればあるほど、作者が誰であるのかが問われ

シャルル＝フレデリック・ウォルト
1825-1895
Worth, Charles Frédéric

ヴァルター・ベンヤミン
1892-1940
Benjamin, Walter

ポール・ポワレ「Dress with train」1919

ポワレはコルセットを外すことで革新的な衣服を創ったが、衣服やモデルの見せ方、メディアとのかかわりにおいても今日のモード産業の形成に貢献した。

るようになった。ファッションも同様に、ウォルトによって大量生産への道が開かれ、同時に作者が存在するものへと変貌を遂げたのだ。

また、ウォルトがモデルを使用することによって、モード産業が単に衣服を陳列するのではなく、衣服を含めた理想的な身体を展示する産業として誕生したことは特筆しなくてはならない。ウォルトが、自身のデザインする衣服をもっとも見栄えのする身体に布置することによって、より美しく見せようとしたことは間違いないが、しかしそのことによって、欲望や羨望のまなざしは、身体そのものへ注がれるようになった。

こうして、ウォルトによって誕生したモード産業は一九世紀後半に足固めをし、メディアの成熟にしたがい現在の形に徐々に近づいていくのだが、二〇世紀に入ったばかりの一九〇三年には、身体とのかかわりという意味で里程標となるデザイナーのポール・ポワレが店を開いている。

ポワレが重視されているのは、コルセットを女性の身体から取り外したからである。とはいえ、ポワレがコルセットを使わなかったのは、それまで流行していたクリノリンやバッスルといった大袈裟な身体造形との差異を出したかったからにすぎず、女性の身体を束縛から解放しようとする善意からではない。バーナード・ルドフスキーが、《女性の姿かたちというものは時おり、自動車の車体や店の外観のようにモデル・チェンジしなければならないものである》(＊4)と指摘するように、女性の体は造形の対象となってきたのであり、ポワレのコルセットなしの服も、この「モデルチェンジ」の一つであったにすぎない。

近代建築がそうであるのと同様に、ポワレは機能的であることを目指したのではなく、機能的に見えることを目指したのであって、女性の身体を男性と同じような運動する身体として位置づけたかったわけではない。逆に、ポワレ以前のクリノリンやバッスルが前近代的な存在というわけでもない。クジラの髭や針金で作られたクリノリンは、大洋で捕鯨を可能にする船舶技術や、針金を作り出す鉄鋼技術や、運動を制限された身体でも移動できる交通手段や交通網の発達があったからこそ可能だったのであり、また、爆発的な普及を起こすだけの広い基盤を持ったメディアの存在があったからにほかならない。コルセットがなくなったこ

ポール・ポワレ
1879-1944
Poiret, Paul

クリスチャン・ディオール「ニュー・ルック」1947　撮影：ウィリー・メイヤー
所蔵：京都服飾文化研究財団

「ニュー・ルック」のあきらかに戦争むきではないスタイルは戦争直後の理想的な女性身体となった。

とが女性の身体における近代の始まりではないのだ。

しかし、作り手の意図がどこにあれ、女性の身体は、この時期から自由な運動性を求める方向へと堰を切ったようにむかうことになった。そして、ポワレが偶然であれ作り出した潮流を決定的にしたのがガブリエル・シャネルである。

シャネルはポワレと違い、女性の身体における自由な運動性の確保を強く意識して制作にあたっている。彼女は一九〇九年に帽子屋を開き、以後、帽子の素材であるジャージーで衣服を作り、パンツなどの男性服を積極的に着用し、装飾的な要素を排した服づくりにつとめ、女性を男性にとっての衒示物から脱却させようとした。その後の多くの女性にとってのスタンダードな衣服の型はシャネルが作り出したといっても過言ではないだろう。

またシャネルはみずからの、自立した女性というイメージを積極的に利用した。女性たちはこの頃から衣服そのものではなく、衣服に付着した「人間像」に反応するようになったのである。

女性と衣服とのかかわり方を考えるのであれば、ほかにも、この時代にはマドレーヌ・ヴィオネ、ジャンヌ・ランヴァン、クレア・マッカーデルといった女性のデザイナーたちが活躍したことは見逃せない。こうして女性たちは、男性からの押しつけではない女性の身体をデザインしていく道を開いていったが、それはモード産業が、着用する身体のみならず、制作する身体としても女性を取り込んでいったということも意味していた。

ガブリエル・シャネル
1883-1971
Chanel, Gabrielle

マドレーヌ・ヴィオネ
1876-1975
Vionnet, Madeleine

ジャンヌ・ランヴァン
1867-1946
Lanvin, Jeanne

クレア・マッカーデル
1905-1958
McCardell, Claire

ファッション産業が、いかにして世界システムとなっていったか

戦後社会はクリスチャン・ディオールとともに始まったといわれる。一九四七年にディオールがコレクションを行なうと、彼の作り出す服は「ニュー・ルック」と呼ばれ、またたく間に世界中に波及していった。「ニュー・ルック」に関しては、戦時統制による布地不足への不満に対し、ディオールがふんだんに布を使った

クリスチャン・ディオール
1905-1957
Dior, Christian

ドレスを作ったために世界中の女性が飛びついたと説明される。しかし、ディオールの「ニュー・ルック」が地域差や階級差を超えて世界を一つのモードの下に組み込んだのではなく、世界を覆い尽す情報の網と、一つの衣服を受け入れる共通の身体がすでに準備されていたと考えるべきだろう。「ニュー・ルック」はその網の中を伝わった最初の情報であり、情報網の波及と、身体の平準化を起こしたのはほかならぬ第二次世界大戦である。

史上最初の総力戦である第一次世界大戦によって、ヨーロッパでは女性がめざましく社会進出を果たした。不足した男性労働者のかわりに女性が動員され、男性と同じ身体を要求されるがために、衣服も男性化した。第二次世界大戦ではさらなる総力戦体制が各国で組まれ、第一次世界大戦の戦場ではなかったアメリカや日本にまでも、産業社会にふさわしい「平準化された身体」が普及し始めた。

結果として、総力戦は男女の間の身体差を完全に無にしてしまうまでにはいたらなかったが、同性の間の身体差を、階級と地域・民族の両方において、少なくとも無化するための下地を作ることには成功した。戦後のファッションは、この「平準化された身体」のうえで、よりいっそうの平準化と、その平準の中での差異化を世界規模で展開していくことになった。ディオールの「アルファベットライン」が日本にまで上陸し皆がこぞって着たのは、白人ではないアジア人の日本人においても、すでにそれを受け入れる準備が整っていたからである。

それゆえに戦後のファッションの歴史は、女性の権利獲得が身体を解放していったというような、素朴に喜ばしいことばかりではない。しかし反対に、ルディ・ガーンライヒの「モノキニ」も、マリークヮントの「ミニスカート」も、単純に性欲の対象として出現したわけではない。いったん身体を運動体としての四肢のレベルに還元し、それに最小限の装飾をつけたのがガーンライヒやマリークヮントの作り出した衣服であって、それによって女性たちは両手と両足と頭部と胴体の存在を見るものに顕示し、男性と何も変わらない身体を所有しているということを公に証明したのだ。

ルディ・ガーンライヒ
1922-1985
Gernreich, Rudi

マリー・クヮント
1934-
Quant, Mary

マリークヮント「Rugby Girl」1960年代

マリークヮントのミニスカートやホットパンツは女性の身体における四肢の存在を明確に提示した。

そしてそれは、たしかに女性の権利獲得の一環として、身体の自由な運動性を確保していく過程ではあったが、男性同様に近代産業社会の一員として身体的に取り込まれていく過程でもあった。それに対して、男性は獲得された女性身体の運動性を、性的な対象物として意味をずらすことによって女性に対する優位性を保持しようとし、せめぎ合いを続けてきた。

さらにこういった身体における同性間、異性間の平準化指向を決定的にしたのがプレタポルテの出現だった。高級仕立て服であるオートクチュールと、大量生産の既製服産業との間に位置し、高級既製服とも呼ばれるプレタポルテは、五〇年代に生まれたとされている。最初に積極的に取り組んだデザイナーにピエール・カルダンがいるが、品位や品質を下げるという理由から、カルダンはオートクチュール協会から除名されている。しかしプレタポルテ産業の隆盛はとどめることはできず、カルダン以外のデザイナーも次々にプレタポルテに進出し、まもなくカルダンもオートクチュール協会に復帰することになる。それはオートクチュールの敗北を意味するのではなく、オートクチュールとプレタポルテが一体となったモード産業の勝利を意味していた。

ピエール・カルダン
1922-
Cardin, Pierre

プレタポルテという産業システムのあり方は、あきらかに大衆社会を背景にしているが、たとえばコカコーラやマクドナルドのような大量生産の方針とは少し違っている。プレタポルテのコレクションは、現在にいたるまでオートクチュールとは別に行なわれているが、多くのブランドはどちらの生産方式をも採用している。それでいて、一方ではライセンス産業として、日常のこまごまとした雑貨を他社に大量に生産させてブランドの名前だけを刻印している。

コカコーラがどこまでも平板な価値体系を作り、世界を覆い尽くそうとしているのに対して、モード産業は価値のヒエラルキーを形成し、けして頂上を平らにするようなまねはしない。それはモード産業にとって、希少価値をなくすことが致命傷になりかねないからである。そのかわり、プレタポルテという大衆への突破口を経由することによって、あらゆる産業へと触手を延ばすことを可能にし、大量生産と希少性という矛盾

KENZO 1983年春夏コレクションより　所蔵：文化学園ファッションリソースセンター
高田賢三のエスニシティを強く意識した衣服。

を解決しているのだ。

プレタポルテ以降のファッションの特徴である同性間と異性間との身体の平準化指向を象徴するデザイナーはなんといっても高田賢三だろう。まるで日本人のイメージをそのまま現したような容姿の高田は、一九七〇年にパリに開店した自分の店に「ジャングル・ジャップ」と名づけ、民族衣装を彷彿とさせるような作品を次々と発表した。自虐的にも見える行為ではあるが、高田の作品は皮肉や批判という意味で受け取られたわけではない。高田の作品は多様性への肯定として積極的に評価されたのだ。しかし実のところ、高田の存在とその作品は、モードが覆い尽す範囲が広がったことを示してもいた。いまやモードという「文化帝国主義」は、人種を超えて東の果てにまで届き、収穫を持ち帰ったというわけだ。

同じことは、ヴィヴィアン・ウエストウッドについてもいえるだろう。ウエストウッドはマルコム・マクラーレンとともに一九七一年に店を開き、セックス・ピストルズとそのパンクファッションを生み出したが、これはモード産業が階層を超え、その対極に位置しているかのような下層階級の美意識や価値観を飲み込んでしまった過程を示していよう。その美意識がどれほど伝統的な服飾観と違っていたかは、ウエストウッドが自分の店に「World's End（世界の果て）」と名づけたことに象徴されている。

一九八〇年代に入ると、モード産業における「身体の平準化」への運動は円熟期を迎えることになる。モードはあらゆるものを覆い尽くす体制をすっかり整え、デザイナーたちはありとあらゆる身体の形を、交換可能なアイテムとして組み換えていった。その代表的な存在が川久保玲のデザインするコム・デ・ギャルソンである。コム・デ・ギャルソンは、一九八一年にはじめてパリ・コレクションで作品を発表した時、山本耀司がデザインするワイズとともに、従来の洋服の常識を打ち破るものとして絶賛される一方で、「ボロルック」「原爆ルック」という批判も受けた。またマスメディアは、川久保や山本は日本人デザイナーであるということを強調したが、彼らは自分たちの製作する衣服は日本的ではなく「無国籍」「ノマド」であることを主張した。これらの言葉を見ると、位置づけにも苦労しているようだが、言っていることは同じであろう。パリが持っ

高田賢三
1939-
たかだ・けんぞう

ヴィヴィアン・ウエストウッド
1914-
Westwood, Vivienne(Swire, Vivienne Isabel)

川久保玲
1942-
かわくぼ・れい

山本耀司
1943-
やまもと・ようじ

1977年撮影　写真提供: ワイドワールドフォトズ

ヴィヴィアン・ウエストウッドが衣装を担当していた1970年代のセックス・ピストルズ。パンクはその後のストリートカルチャーに多大な影響を与えた。

ていた価値観が及ばなかったところにモードが届いたということ以外、何も意味していない。ただ高田やウエストウッドと違うのは、モード産業が、もはや自分たちすらそれが何であるのか、どう判断を下してよいのかわからないものまでをも飲み込み、解釈を決定する前に世界中にばら撒いていったということだ。そこに人種の多様性がなくても、下層社会の美意識がなくても、何であれ多様であれば構わなくなったということである。

こうして、モード産業はさまざまな身体観を飲み込み、それらを一つに編み上げる作業を続け、デザイナーたちはそこから逃れるように身体の多様性を提示し続けたが、九〇年代になると、そのせめぎ合いや追いかけっこも一段落したようだ。九〇年代以降、モード産業では、ＬＶＭＨ（モエ・ヘネシー・ルイ・ヴィトン）などが中心となってブランドの統合やデザイナーの交代劇が繰り返されてきた。そこでは「モード」から「ブランド」という考え方へ重点の移行が起こり、ロラン・バルトが『モードの体系』で叙述したようなモードの世界は減退を始めている。

「モード」と違い「ブランド」は、みずからが築き上げた意味体系をけして裏切らず、ひたすら補強するだけだ。次々に新しい身体を提案し侵略する「モード」と、信頼の証として不変であることを信条とする「ブランド」の間には、対極ともいえるぐらいの価値の違いがある。モード産業もまた、ここにきて大きく変質しようとしているのだ。

パリ・モード史が、ファッションデザイン史なのか

これまで、パリのモードを中心とした衣服の変遷をみてきたが、果たしてそれだけではファッションにかかわるすべてを理解したことにはならない。常見美紀子が述べているように、《パリ・オートクチュールは、一世紀半にわたり世界中の服装に影響を与え》、《その結果、世界各地の民族衣装をほぼ消滅させ》（＊5）てきたのは紛れもない事実だろうし、それゆえにパリ・モードがメディアを通して、わたしたちの身体の理

想像を作り続けてきたことは間違いないことなのだが、しかしそれは、女性の身体に限ったことではないのかという疑問は当然浮かぶ。わたしたちが日常身に着けている衣服とパリでデザイナーの名を冠して発表される衣服との関係は何なのか、問わないでおくわけにはいかないだろう。

パリ・モード史中心の歴史観に異を唱えたものに、『性とスーツ』という非常に重要な本がある。『性とスーツ』は、その名のとおり男性の衣服であるスーツを取り上げた本である。その中で著者のアン・ホランダーは、《男性服を見ることなく女性服を理解することは不可能であるし、その逆も然りである》(＊6)と至極もっともな指摘をしている。『性とスーツ』には、ウォルト以降のパリ・モード史と対になるはずの歴史が書かれているのだ。

ホランダーによれば、裸体の抽象形であるスーツは男性身体の近代化の完成形である。スーツの発明以降、男性は無意味なモードの競争から降りてしまったというのがホランダーの主張だ。また、女性の衣服がつねに男性の衣服を模倣しているという指摘も大変重要で、だとしたらスーツこそが近代の身体観を体現しているということになる。

また、フィリップ・ペローが『衣服のアルケオロジー　服装からみた一九世紀フランス社会の差異構造』(大矢タカヤス訳、文化出版局、一九八五)で紹介した古着市場の存在や、衣服にまつわるさまざまな職能も無視することはできない。ヨーロッパにおいて民衆の衣服市場とは古着市場のことであったし、貴族階級の流行を民衆に送り出し、上流階級から下層階級へと流行が滴り落ちていく構造を作り出してきたのも古着市場だった。また、何よりも、それだけの多くの需要に応えるべく、衣服を安価で大量に生産する近代的な消費物にしたのも古着市場である。同じように日本においても古着市場がどれだけ衣服の近代化に貢献したかについて、朝岡康二が『古着』(法政大学出版局、二〇〇三)で指摘している。

ところで、日本におけるファッションの歴史は洋装化の歴史として考えられることが多い。しかし、流行という側面で考えるのであれば和服にも流行は存在したし、第一、女性の洋服が日常着として定着するのは第二次世界大戦以降のことだ。柳田國男が一九二四年に書いた『木綿以前の事』において、当時すでに伝統的な衣装だと受け取られていた和服に関して、《われわれの保守主義などは、いわばただ五、七十年前の趣味の模倣に過ぎなかった》(＊7)と指摘しているように、むしろ和服こそが最初の近代衣服と言えることを忘れてはならない。

明治のみならず大正や昭和にいたるまで洋装化が提唱され続けたのは、洋服が普及しなかったことの裏返しで、とくに女性における洋服の普及は、今和次郎の銀座での調査によれば、昭和八年になっても《わずかに約三パーセント見当にすぎない》(＊8)という大変低い状態だった。それは明治時代以前の生活習慣が、それほど急激に変化しなかったということも理由としてあるが、一方で、大きな変化が和服に起きたからである。前述の柳田は、近代に起きた衣服の変化として、手織り物の衰退、麻・藤・獣皮・楮などの多様な素材から木綿への一本化、色彩の解放、着るものと用途との強い関係性の解体などをあげているが、都市風俗を享受する層が増えて、それまでハレの場でしか着られなかった衣服の素材と形がさまざまな場面へと広がりを見せたのだ。

そして、百貨店が流行発信地として力をつけていくと、和服こそが流行の主役になった。神野由紀によると、明治二八年の三井呉服店の建て直しにおける対外的施策として、ディスプレイ方法の改善に並んであげられたのは、《洋服部を廃止して、呉服専業に帰らせたこと》と《婦人の晴着の模様に新風を起こし、時勢に適応する流行を創出させたこと》(＊9)であった。つまり、和服を徹底して商品化していくことによって消費を惹起しようと試みたのだ。

このような努力が功をなし、とくに銘仙と呼ばれる絹地の反物はそれまでにないほど消費され、《大正末期から昭和前期にかけての一〇年ほどの生産量を合計すると、のべ一億人分の銘仙が生産・販売されたことになる》(＊10)という状況を生み出していくことになった。そして、《昭和前期の銘仙のデザインはモダンテイスト》(＊11)といわれるほど自由に模様が展開された。和服は最新のグラフィックを表現する、移動するメディアとしても機能するようになっていったのだ。

洋裁という近代

日本人が、集団で最初に洋服を着たのは、一八四一年の、高島秋帆による徳丸ヶ原での幕府軍の軍事演習であろうか。ただし、この時幕府軍が着用したのは、西洋式の軍服に似せた筒袖の羽織と筒袴であり、洋服らしきものといったほうがいいかもしれない。そしてこういった洋服らしきものは、何回も日本のファッションデザイン史に出現する。日本らしさをいかに洋服に接続するか、ということが飽くことなく繰り返されてきたのだ。そこでここからは、日本の女性の洋装化史上に現れる、「直線裁ち」を象徴的に行なった三人のデザイナーを繋ぐことによって、一つの歴史を紡ぎ出してみたいと思う。直線裁ちは、身体の形に合わせて曲線によって裁断される洋服の常識から外れて、直線のみで裁断され縫製された衣服のことを指し、和裁の応用であるといわれることが多い。洋装化の歴史の王道とは少し外れるが、それらを検証すれば、日本らしさとファッションの繋がりが見えてくる。

高島秋帆
1798-1866
たかしま・しゅうはん

一人目にあげるデザイナーは、シンガーミシン裁縫女学院初代校長の秦利舞子である。秦利舞子が女学院の校長をすることになったのは、夫の秦敏之がシンガーミシンの極東支配人をしていたからである。シンガーミシンは、一八九五年にはじめて日本に輸入され、一九〇〇年には早くも横浜山下町に駐在所を設置している。

秦利舞子
1876-1931
はた・りんこ

当時日本では軍人や役人が次々に洋装化し、ミシンの需要が次第に増加してはいたが、アメリカのシンガー社のキャッチコピーである「父親には農機具を、子どもには教育を、母親にはミシンを」に従って家庭に売り込むのはほとんど無謀なことのように思われていた。そこで、秦夫妻がまず打った手が、一九〇四年に「シンガーミシン裁縫女学院」を設立してミシンのユーザーを育て上げることだった。そして、日本進出当初提唱していた和服のミシン裁縫をやめ、以来洋服を制作することに切りかえていった。ついで、シンガーミシンは一九〇七年に月賦での販売を始め、仕立服屋か富裕層しか買うことのできなかったミシンを中流以下の家庭へと送り込んでいく。そして秦利舞子は、日本人でも洋服が作れるようなパターンを作り出し、一九〇八年、『みしん裁縫ひとりまなび』という一冊の本にまとめあげたのだ。

この本における衣服のいちばんの特徴は、図面の書き方と縫製方法の二つにおいて、和服の制作方法の応用で完成するということである。つまり秦利舞子は和服を踏襲して、和服のように直線で構成される洋服を生み出したのだ。それによって、より多くの女性が抵抗なく和服制作から洋服制作へと移行できると考えたのだろう。しかし、そういった工夫にもかかわらず、秦利舞子の孫の秦早穂子が述べるように、《洋裁だけでは、どうしても一般の家庭にいる女たちの興味をひかず》(＊12)ミシンの普及は思うようにいかなかった。その理由は、日本女性の洋装率が伸び悩んだことが大きいが、それは前述したように、和服自体が近代化したことや、良妻賢母のイデオロギーが和服における視覚面や物質面と強く結びついていたからである。そこで、秦利舞子はあらたに『みしん刺繍ひとりまなび』という本を著しミシン刺繍の普及に努めるが、それは秦早穂子も指摘しているように、ある種の挫折といえるのかもしれない。ミシンは家庭においては、生産機械であることを一時的に辞め、ピアノのような教養機械として定着することになった。

こうした秦利舞子の直線裁ちは、誰にも引き継がれることはなかったが、しかし、一九二四年にみずからが創設した東京技芸女学校のために『みしん裁縫ひとりまなび』を改訂した時、版は実に八〇を数えている。秦利舞子のアイディアは、日本の洋装化において地下水脈のように受け継がれていったのかもしれない。

その後、直線裁ちは大正期以降には「アッパッパ」と呼ばれる庶民の簡単服に見られるが、総動員体制の時期を迎えると女性が洋服を着ること自体疎まれ、アッパッパは姿を消し、直線裁ちの洋服作りも消滅してしまう。皮肉なことに、当時政府によって作られた「婦人標準服」では新しい日本服の創作が喧伝されたが、そこに秦利舞子やアッパッパの洋服作りの知恵が生かされることはなく、杉野芳子や田中千代といったデザイナーたちが日本服を作るという名目を掲げながら、しっかりした洋服作りを行なうことになった。

杉野芳子
1892-1978
すぎの・よしこ

田中千代
1906-1999
たなか・ちよ

しかし第二次世界大戦後、直線裁ちの洋服は復活を遂げる。それをもたらしたのが、二人目にあげる花森安治だ。花森は第二次世界大戦中には大政翼賛会宣伝部に所属し、プロパガンダを作成する仕事に就いていたが、戦争が終わりしばらくすると『美しい暮しの手帖』（一九四八〜）を創刊する。『美しい暮しの手帖』はのちに『暮しの手帖』と改題し、独立性を保つためにどこからも広告を取らずに商品テストをしたことで有名になっていくが、終戦直後の花森は、衣装研究所を設立し『スタイルブック』を創刊するなど、もっぱらその関心は衣服にむけられていた。

花森は家庭で女性が容易に仕立てることのできる服を考案し、一方で和服地の代表格である紺絣の美を強調した。花森のこういった主張は総動員体制下に促進された自家裁縫の風潮と何一つ変わっていない。もっともそれは当然で、戦争が終わり政治体制に変化は見られても、庶民の経済状況はそれほど変わったわけではなかったし、物資が不足し統制されていたことも、女性が肉体的な労働をしなければいけない状況にあったことも、変わらず続いていたからである。総動員体制下の衣料政策も、戦後の花森の直線裁ちも、ほとんどの女性が修得していた和裁の技術を動員し、家庭の中で埋もれている資源を有効利用して、国家経済に負担をかけることなく、それぞれの家庭で生産させることが狙いだったのだ。とくに空襲が激しくなり、女性が「もんぺ」を着用することが当然視される一九四三年までにおける政府や軍部関係者の発言やデザインと、花森が『暮らしの手帖』で見せたものはほとんど変わりがない。花森が違っていたのは、それが「洋服」のデザインであることをはっきりと主張したことである。そういう意味では、同じ服を着ていたとしても、女性が胸を張って「洋服」を着ていると言えるようになったことは、戦後社会でファッションが成立するうえでの大きな事件であった。

花森の直線裁ちは、「シンガーミシン裁縫女学院」の場合とは反対に、ミシンなしに洋服を生産するために考案されたもので、総動員体制によって洋服が爆発的に普及する下地が作られていながらも、生産手段を持たない社会が、その問題を解決するべく生み出したデザインといい得るだろう。そして、花森は衣料切符制

花森安治
1911-1978
はなもり・やすじ

度が廃止される一九五〇年頃から衣服のデザイナーとして活躍することはなくなり、徐々に大量消費社会へと歩み出した日本の社会は、花森が作る直線裁ちに目もくれなくなっていった。そして花森も、それを見越したように直線裁ちのパターンを掲載することをやめ、雑誌の企画の中心を商品テストへと移行して、編集者として消費社会の到来に対応していくのだ。

その後、ミシンという生産手段が容易に手に入るようになった日本の社会は、「シンガーミシン裁縫女学院」が始めた洋裁教育のシステムを拡大再生産し、曲線裁ちの洋服作りを教える専門学校を大量に生み出していく。それによって家庭での生産合理性を追求した直線裁ちのデザインは完全に消えてしまうのだが、それをまったく別の文脈で復活させたのが、最後にあげる三宅一生である。

三宅は一九七三年にパリ・コレクションに初参加を果たし、その後、「一枚の布」という作品群を発表した。「一枚の布」は、七七年には西武美術館で「三宅一生と一枚の布」を開催するなど、七〇年代の後半には評価が定着している。これらは、かならずしも布一枚で作られているわけではなく、洋服としてきちんとしたパターン作成や縫製が行なわれているのだが、直線裁ちが多用され、構造もけして複雑ではなかった。むしろどれだけ単純な構造で洋服が作れるかに挑戦したのが「一枚の布」のシリーズだといえるだろう。三宅のこの興味は、のちに「プリーツ プリーズ イッセイ ミヤケ」、「A-POC（A piece of cloth）」へと引き継がれ、現在にいたっている。

三宅がデザインを始めた時代は、九〇年代まで続く大量消費を基盤とした高度情報化社会の幕開けにあたる時期で、池袋パルコ（一九六九）、渋谷パルコ（一九七三）が開業し、『アンアン』（一九七〇年）、『ノンノ』（一九七一）が創刊した時期であった。また、そういうメディアによって教育された消費者たちからの大量の需要に対して均質な製品で応えるべく、既製服JIS（一九七二）や婦人服JIS（一九七六）が制定された時代でもあった。三宅もそういった風潮から外れていたわけではなく、巨大化しつつあるマスとしての消費者層にむけて商品をデザインし、あるいは開発していった。

三宅一生
1938-
みやけ・いっせい

三宅にとっての直線裁ちは、秦利舞子や花森安治と同じように、生産のしやすさを可能にしてくれる手段ではあったが、そこに着用者が生産者としてかかわることはなく、消費者として、たとえばそこに「日本らしさ」や「東洋らしさ」を読み取るといったふうに、直線裁ちをどのように記号として解読するかということでかかわるのみになった。

三宅一生は、同時代の高田賢三より、のちのDCブランドブームを巻き起こしたコム・デ・ギャルソンの川久保玲やワイズの山本耀司と同列に扱われることが多いが、三宅が、川久保や山本より一〇年ほど前にデビューしている違いは大きい。わざとほつれを作って手作り感を出そうとした川久保や山本とは、同じように工業テクノロジーに依拠しているとはいえ、衣服を大量生産品としてどのように考えていくかの態度に明確に差がある。川久保や山本の衣服では、直線裁ちも生産合理性という文脈で出てくることはなく、純粋にシルエットの問題となっていくのだ。

むすびにかえて

ファッションデザインは、近代デザインとしては奇妙な要素を含んでいるようだ。たとえば大衆の存在を前提としながら、意図的に希少価値をコントロールして大衆全体に同じものが行きわたらないようにしていたり、ものをどうデザインするかだけではなく、それが使用者によってどう組み合わされて使われるかを非常に気にしたりもする。それはあたかも少量高品質生産にこだわり、使用の現場にまで気を配っているようで、クラフトマンシップを大切にして中世的なギルドを目指し、一つ一つのものを丁寧に作り上げようとしたウイリアム・モリスの精神を忠実に受け継ぎ、そのあとの時代に出現する機械による大量生産を否定しているようでもある。

一個の身体として提示されてはじめて、ファッションはファッションとして成立するというのも奇妙な話だ。近代デザインは分断されたさまざまな要素の統合を目指し、バウハウスが標榜したように、中世のカテ

ウイリアム・モリス
1834-1896
Morris, William

ドラルのような世界を目指していたが、それはけしてうまくいったわけではない。かたや、ファッションデザインは身体上での統合をつねに要求されていて、むしろ分断されたことはない。ファッションデザインは個々の衣服のデザインの集合体ではなく、本質的に身体そのもののデザインなのだ。ファッションに、民族、ジェンダー、セクシュアリティ、階級といったことが表出しやすいのも、それぞれが身体的な問題として現れてくることが多いからであろう。

ファッションデザイン史とは、人間の身体がいかにあるべきかをめぐるせめぎ合いの歴史である。それは、ものの体系によって来たるべき世界を形づくろうとするその他のデザインとは微妙にずれているが、身体は、ものの体系と呼応していて切り離されるはずはない。また、近代は身体を制御可能で予測可能な運動体、つまり機械として取り込もうともしてきた。その際には、身体はあきらかにその他の工業生産品同様、デザインされ大量生産されるものだ。

ファッションは身体に変容を迫り、また、身体の変容を表出してもきた。近代が身体の規律・訓練をめぐる場であるならば、ファッションデザイン史には近代の本質的な要素が隠されているのかもしれない。

註

1 永瀬唯『腕時計の誕生』、廣済堂出版、二〇〇一年 一九三ページ。

2 H・B・レント『カー・スタイリング』、高岸清ほか訳、共立出版、一九七一年 九一ページ。

3 エリザベス・ウィルソン「ファッションとポストモダニズム」、『問いかけるファッション』、成実弘至訳、せりか書房 二〇〇一年 二二一〜二二三ページ。

4 バーナード・ルドフスキー『みっともない人体』、加藤秀俊他訳、鹿島出版会、一九七九年 五五ページ。

5 常見美紀子『二〇世紀ファッション・デザイン史』、スカイドア、二〇〇〇年 七ページ。
6 アン・ホランダー『性とスーツ』、白水社、一九九七年 一二ページ。
7 柳田國男『木綿以前の事』、角川文庫、一九五五年 一二ページ。
8 今和次郎『服装研究 今和次郎集 第8巻』、ドメス出版、一九七二年 一六七ページ。
9 神野由紀『趣味の誕生』、勁草書房、一九九四年 四〇ページ。
10 小山周子「和服にみるモダン」、『図説 東京流行生活』、河出書房新社、二〇〇三年 六四ページ。
11 小山周子、前掲論文 五四ページ。
12 秦早穂子『巴里と女の物語』、PHP研究所、一九八一年 一六七〜一六八ページ。

参考文献

洋服業界記者クラブ『日本洋服史 一世紀の歩みと未来展望』、日本洋服史刊行委員会、一九七七年。

中山千代『日本婦人洋装史』、吉川弘文館、一九八七年。

柏木博『デザインの20世紀』、NHKブック、一九九二年。

柏木博『ファッションの20世紀—都市・消費・性』、NHKブック、一九九八年。

『モードと身体—ファッション文化の歴史と現在』、成実弘至編、角川学芸出版、二〇〇三年。

『ファッション学のすべて Handbook of fashion』、鷲田清一編集、新書館、一九九八年。

小泉和子『洋裁の時代—日本人の衣服革命』、OM出版、二〇〇四年。

『ストリートファッション 一九四五〜一九九五—若者スタイルの五〇年史』アクロス編集室、PARCO出版、一九九五年。

ヴァルター・ベンヤミン『複製技術時代の芸術』、晶文社、一九九九年。

ディアン・スジック『川久保玲とコムデギャルソン』、生駒芳子訳、マガジンハウス、一九九一年。

南谷えり子『THE STUDY OF COMME des GARÇON』、リトル・モア、二〇〇四年。

ジョアン・フィンケルシュタイン『ファッションの文化社会学』、成実弘至訳、せりか書房、一九九八年。

『問いかけるファッション　身体・イメージ・日本』、成実弘至編、せりか書房、二〇〇一年。

常見美紀子『二〇世紀ファッション・デザイン史』、スカイドア、二〇〇〇年。

村上信彦『服装の歴史　一』、理論社、一九七四年。

鷲田清一『モードの迷宮』、中央公論社、一九八九年。

『服飾辞典』、文化出版局編、文化出版局、一九九六年
能澤慧子『モードの社会史　西洋近代服の誕生と展開』有斐閣選書、有斐閣、一九九一年。

能澤慧子『二十世紀モード　肉体の解放と表出』、講談社選書メチエ、講談社、一九九四年。

北山清一『おしゃれの社会史』、朝日選書、朝日新聞社、一九九一年。

北山清一『衣服は肉体になにを与えたか　現代モードの社会学』、朝日選書、朝日新聞社、一九九九年。

第五章　クラフトデザイン

樋田豊郎

クラフトデザインという用語

クラフトデザインという造形分野、これは第二次世界大戦後になってようやく日本人が手に入れることのできた、「手仕事」と「近代デザイン」との調和物である。明治維新後、従来の職人仕事に「工芸」という言葉を与え、そこに一方では芸術的進歩を期待し、他方では産業的発展を追求してきた日本人は、両者が本質的には通底していると感じながらも、それぞれがむしろ次第に乖離していくことに戸惑いつつ手をこまねいてきた。

放っておくと、国の政策上はそれぞれが文部省の管轄する「工芸」と、農商務省（のちには商工省、通産省）の管轄する「産業」とに分離されていく。しかし、仕事の実態としては、両者はさほど違っていない。明治以来、日本人がこう実感してきたことは、戦後になってもデザインのことを「産業工芸」と呼び続け、その名を冠した通産省産業工芸試験所（商工省工芸指導所の後身）の機関誌が、英語名ではそれを『INDUSTRIAL ART NEWS』といいながら、日本語名では『工藝ニュース』と表記していたことがよく示している。

そこでまず、クラフトデザインという用語の誕生から始めよう。おそらくこの用語は和製英語である（＊1）。いつ、誰がこれを使い始めたのだろうか。デザイン評論家の勝見勝が一九五九年（昭和三四年）頃から使い出したという指摘もあるが（＊2）、一般化したのはもっとあとのことだと思われる。

一九六八年（昭和四三年）に新版になったダヴィッド社の『デザイン小辞典』に、「クラフトデザイン」の項目が登場し（＊3）、これ以後、各デザイン事典が追随しているので（＊4）、一九六〇年代後半に「クラフトデザイン」が定着し出したのではないだろうか。一九七六年（昭和五一年）になると、日本デザイナークラフトマン協会（＊5）が、社団法人化にともなって日本クラフトデザイン協会と改称しているので、一九七〇年代中頃にはこの用語はデザインの分野では市民権を得ていたと見做《みな》してよいだろう。

もっとも、この用語は世間一般には浸透しにくかったらしく、『世界百科事典』（平凡社、一九八一～八三年）にも、『新潮世界美術辞典』（一九八五年）にも「クラフトデザイン」の項目はない。

クラフトデザインの定義

それでは「クラフトデザイン」という日本語の誕生には、どのような意味が託されていたのだろうか。試みに、さきの『デザイン小辞典』（ダヴィッド社、一九六八年新版）でクラフトデザインを引いてみると、それは次のような説明で始まっている。《手工芸すなわちハンディ・クラフト（Handi-craft）のデザインのことで、機械的量産によらず手づくりまたは簡単な機械を部分的に使用して生産される製品のデザインをいう。》（＊6）

まさに手仕事とデザインとの調和だ。しかし、これだとクラフトデザインは、生活の近代化に適応しようと努めてきたさまざまな職人仕事、たとえば「民芸」とどこが違うのかわからない。この疑問に対して、『デザイン小辞典』は次のように答えている。《現代の科学技術の文明の中で、生活の機械化に対し、人間性のあふれた手工芸品を愛好する気分が、北欧をはじめ、最近の世界的な傾向となっており、わが国の伝統的手工芸も新しく注目されている。》（傍点は筆者）

そう、文中の「北欧をはじめ」という部分が、クラフトデザインと民芸とを分けるキーワードだったのだ。製作における機械使用の程度や、生産量の多寡によってクラフトデザインを捉えようとしても、その試みは詰まるところ相対的な定義になってしまう。それよりも、北欧デザインに端を発する世界的なデザイン運動の日本版が「クラフトデザイン」だというほうがわかりやすい。それにこれが一般的なイメージというものだろう。一九八〇年代半ば以前のクラフトデザインを知っている人ならば、この言葉は北欧のシンプルで、それでいて素材のぬくもりを大切にした家具、テーブルウェア、染織品を喚起させることだろう。つまり、理念の形成においては、クラフトデザインは北欧デザインを手本にしていたのである。

ところが、活動を始めた動機という点では、クラフトデザインはかならずしも北欧デザインの移植に触発されていたわけではなかった。少なくともわたしの出会ったかぎりでは、クラフトデザイン草創期のデザイナーたちから、活動に参入した理由として北欧デザインの思想に対する傾倒を聞いた記憶はない。たいていの場合、動機として語られるのは、同時代の日本美術に対する失望だった。クラフトデザインを出現させた背景は、戦後の美術状況それ自体にあったと考えるべきだろう。

活動の起源

最初に、クラフトデザインを出現させた美術状況についていえば、多くのクラフトデザイナーが口をそろえるのは、まずもって日展の形骸化だった。日展は戦前の官設美術展を実質的に継承する公募展である。そうした日展の工芸部門に対し、のちにクラフトデザイナーに転身する工芸家たちは、次の点で批判的だった。それはひとことでいえば、日展の工芸作品が日本人の育んできた生活感情をもはや表現していないということである。明治以来、「工芸」という分野は一面において芸術性が期待され、その過程で「工芸」はナショナリズム、モダニズム、そして、国粋主義、伝統主義などのイデオロギーや芸術思潮に巻き込まれてきた。ところが、敗戦によってそうした外的影響力が失効してみると、そこに残っていたのはアール・デコを主とする西洋的装飾の類型化した姿だった。

こうした日展の形骸化した造形表現、そして、にもかかわらず依然として新人作家の登竜門として機能し続けている日展の権威、これらをのちのクラフトデザイナーたちは嫌ったのである。日展とクラフトデザイナーを比較すると、前者は芸術作品、後者は実用品というイメージがつよいので、草創期のクラフトデザイナーたちは、使えなければ「工芸」ではないという考え方に基づいて日展に背をむけたのだと思われがちだが、実態はかならずしもそうではなかったようである。彼らが実用品の制作に傾斜していったのは、むしろ、歴史的に育まれてきた生活感情に目覚めたことの必然的な結果だったと考えたほうがよいだろう。

この点からすると、クラフトデザインの軸足は、デザインよりもクラフトに置かれていたということができる。日展工芸の将来を見限った工芸家たちが、デザインという異質な分野を輸血することによって、工芸に新しい可能性を見出し、そこに一部のインダストリアルデザイナーが合流したというのが、クラフトデザイン誕生の実態だった。

一九五六年(昭和三一年)に結成された日本デザイナークラフトマン協会(以下、JDCAと略す)の初代理事長である佐藤潤四郎は、工芸家が日展を離れ、クラフトデザインを構想していった戦後の経緯を、次のように回顧している(＊7)。

ところが終戦後には少々様子が変わって「設計」を仕事とする人々やエンジニヤー、つまり機械屋さん達のデザイナーが活躍しはじめ、工業デザインといわれ、それがインダストリアルデザイナーと呼ばれるようになって、美術とは縁のない、自転車、自動車、弱電関係のこまごまとした機械類から、カメラ、ラジオ等まで手をのばしてきたので、新しく工業デザイナーの協会もできた。それらの関係で変わらなければならなくなったのが美術工芸家の仲間であった。(中略)私も芳武君もその頃は同人展を作って和光で作品の発表を何年か続けていた。「創作工芸協会」といっていた。

メンバーは蓮田(脩吾郎)、佐治(正)、高橋(節郎)、小杉(二郎)、芳武(茂介)、佐藤(潤四郎)、三輪、染川(鉄之助)、青木(滋芳)等で結成され遅れて、山脇(洋二)、安原(喜明)その他の人をも追加され、注目される工芸活動を続けていた。その頃クラフトマン・デザイナー協会を画策しはじめてから私達は日展に出品することを中止して旗色を鮮明にした。(括弧内の補足は筆者)

佐藤潤四郎
1907-1988
さとう・じゅんしろう

ＪＤＣＡを旗揚げするとなると、なぜ「日展に出品することを中止して旗色を鮮明に」しなければならないのか。今日ではすでに当時の緊張感がわからなくなっているが、少なくとも工芸家当人にとっては、クラフトデザインと日展のどちらを選ぶかは、自分の将来を決する一大事であったようである。

それほどまでに、明治以来の美術行政がつくりあげてきた純粋芸術を頂点とする近代美術のパラダイムは強固なものであり、工芸家がその階層を上昇していくためには、「工芸」が本来備えていた生活感情の表現などはさほど有効な手段ではなくなっていたということなのだろう。また、そうした現状に抗して、あえてクラフトデザインを佐藤潤四郎らの工芸家に選ばせたきっかけが、エンジニアが工芸に隣接する領域のデザインにまで「手をのばしてきた」ことにあったという指摘は興味深い。

佐藤ののち、三代目のＪＤＣＡ理事長を務めた芳武茂介も、日展工芸に飽きたらない気持ちがクラフトデザインに進ませたと、かつて筆者に話してくれたことがある。それは一九八〇年代前半のことだったと思うが、戦後何年たっても一向に変わらない、美術品としての工芸を至高とする世間の風潮をなかば義憤をもって嘆いていた。

芳武が、おそらく彼の目にはそうした美術的工芸の展示場と映っていたであろう東京国立近代美術館工芸館について、「自分のデザイン製品はそこの収蔵品にはなってないが、そこの休憩室に置かれていた灰皿は自分のものだった。デザインは本来使われるものだから、それこそ自分にとってはもっとも望ましいことなのだ。」と語っていたことが、いまは懐かしく思い出される。その灰皿は鋳鉄製で、製造を請け負ったのは郷里山形の工房である（図一）。そこは「茶の湯の釜」の名工として知られる高橋敬典の工房だったのだが、そうした伝統工芸の技術に支えられてクラフトデザインを実現できたことは、芳武にとって理想的な展開だったに違いない。

ジュエリー作家の菱田安彦も、やはり日展からクラフトデザインへと鞍替えした人である。菱田の場合、日展を去ったというだけではなく、ジュエリーという新たな造形分野を確立したところに独自性があった。

芳武茂介
1909-1993
よしたけ・もすけ

高橋敬典
1920-
たかはし・けいてん

菱田安彦
1927-1981
ひしだ・やすひこ

1: 芳武茂介「灰皿」、鋳鉄、1963　所蔵: 武蔵野美術大学美術資料図書館

というのも、戦後、ファッションが一気に解放されたのにもかかわらず、装身具はアクセサリーと呼ばれ、文字どおりファッションの付属品という立場に甘んじていたからである。もちろんアクセサリーの分野に乗り出す彫金作家もいたが、彼らにとってのそれは花瓶や置物の仕事を応用したものだった。菱田はアクセサリーに固有の芸術性を見出そうと考えた点で徹底していた。彼は一九六四年（昭和三九年）に日本ジュウリー協会を設立し、理事長に就いている。

のちに菱田はこう語っている（＊8）。《私たちの生活感情からまったく離れた工芸は、しだいに時代の流れから取り残されていきます。博物館に並べた方がよさそうなものが多い美術工芸は、新しい生活様式の展開する今日では、当然問題は少なくないでしょう。》

佐藤潤四郎（一九〇七年生）が日展に関係していたのは、新文展（官設美術展）時代の一九三八年から五六年までの一九年間、芳武（一九〇九年生）もほぼ同じで、一九三七年の新文展から五五年までの一九年間、この二人より世代が下の菱田（一九二七年生）にしても日展には五回の入選歴があった。そうした工芸家としての輝かしい経歴を抛《なげう》って、彼らはクラフトデザインに身を投じたのである。

彼らは一九五六年のＪＤＣＡ設立を機に日展と決別している。ということは、ＪＤＣＡの設立こそ、多くの工芸家にクラフトデザインという分野の出現を実感させる出来事だったと見做してよいだろう。参考までに、ＪＤＣＡの会員たちがこの協会の設立以前に結成した工芸団体を記しておけば、真赤土《まはに》、型々《かたかた》工芸集団（一九四七年一一月〜五一年一一月）、ココ工芸（一九五〇年〜五一年一一月）、生活工芸集団（一九五一年一一月〜?）、新工人（一九五一年一一月〜六〇年六月）、創作工芸協会（一九五二年六月〜五七年）、生活工芸展（一九五三年三月〜六〇年六月）、国際工芸美術協会（一九五五年一二月〜?）などがあった。

工業デザイナーとの協働

ところで、敗戦後の数年間におけるクラフトデザインの胎動は、インダストリアルデザイナーの目にはどのように映っていたのだろうか。当時の言葉に倣って、インダストリアルデザインを「生産工藝」、日展工芸を「美術工藝」と呼ぶならば、生産工藝の人たちは自分たちの仕事は、そろそろ本格的に美術工藝と区別されるべきだと感じ始めていた。彼らにそう実感させた最大の要因は、進駐軍からの発注である。

復刊二号目の『工藝ニュース』(一九四六年一〇月)は、全巻まるごと「進駐軍家族用住宅と家具」の特集だった。その巻頭で、『工藝ニュース』を発行していた工芸指導所々長の斎藤信治は、次のように述べている(＊9)。

聯合《れんごう》軍家族住宅家具の生産を擔當《たんとう》する日本の家具メーカーは一方に於てポツダム宣言受諾に伴ふ日本政府の義務の履行に協力するといふ名譽を擔《にな》ふと共に、他方に於ては直接の外國人の日常生活に觸れるこの仕事を通じて日本工藝の國際性への發展に寄與《きよ》するといふ二つの意義ある仕事を果たすことが出来る。(引用文のルビは筆者、以下も同じ)

ここではとても昂揚した調子で、進駐軍の仕事は日本工藝(デザインのこと)の国際化をもたらすと謳われている。たしかに、二万戸もの進駐軍家族用住宅が建設されることになったのだから、西洋の近代建築やデザインを日本に根づかせようとしていた人たちにとっては、戦前にバウハウスから学んだ理論を実践する願ってもない機会となったことだろう。同じ特集の中で、豊口克平は詳細な設計図を示して進駐軍用家具を説明している。

しかしながら、そうした特集記事を見ると、住宅や家具についてならば参照すべきモデルがある程度日本にも蓄積されていたが、照明やテーブルウェアとなるとモデルがまだ入手されていなかったようすが窺われる。そのため『工藝ニュース』は、一九四七年から翌年にかけて、ニューヨーク近代美術館が展示するデザイン製品の紹介を三回にもわたっておこなっている(一四八ページ、年表参照)。ところがその一方で、「日本

豊口克平
1905-1991
とよぐち・かつへい

工芸の造形的伝統」と「近代デザイン」を融合させようと考えるデザイナーも出てきた。

剣持勇はそのひとりである。彼は進駐軍向けの仕事をケーススタディとしながらも、ジャパニーズモダンと称するプロダクトデザインを生み出していった（＊10）。剣持の「アメリカ・モダニズムに窺える竹趣味」と題する文章には、日本の伝統を西洋の目で捉え直そうとする意気込みが感じられる。彼はその書き出しでこう述べている（＊11）。《竹及び竹製品について私達は、「日本だけの特産品」とまでは思わなくても、日本が本家である位に思い込み、外人が關心《かんしん》を示すと、恰《あたか》も自分が賞められているかの様な錯覺に落ち入りがちである。》

生産工藝の側からは、もっと積極的に、美術工藝とのあらたな補完関係を期待する人も出てきた。福岡縫太郎はある座談会で、《先程松本さんからお話があった茶碗、お椀安いものを扱っておりますが、二十年三十年何等進歩しない。これではしようがないぢやないかというので、所謂《いわゆる》美術工藝家というものにお手傳いを願いたい。》と述べている（＊12）。これは、松本政雄の《所謂量産工藝だけで一つの大きいまとまりを持って進歩して行かない原因がそういう例《たと》えば帝展の四部のようなものをモデルにしていないからだと云つてもい丶のぢやないかと思います。》という指摘を承けての発言である。

「帝展の四部」とは、官設美術展の工芸部門、つまり日展工芸の前身だが、彼らは茶碗や椀をデザインするのにあたって美術工藝家にモデルの制作を依頼してもよいと考えていたのだった。福岡はＪＤＣＡの二代目理事長であり、松本は機能主義デザインの移植を掲げて、豊口克平らと戦前に型而《けいじ》工房を結成した人である。

大勢として、生産工藝の人たちはデザインの国際化を求め、日本インダストリアルデザイナー協会の結成（一九五二年）へとむかいつつあった。しかしその中にあって、日本の伝統や美術工藝との協働を企図する人たちもいたということだが、そうした少数派は、斎藤信治の《ポツダム宣言受諾に伴ふ日本政府の義務の履行に協力するといふ名譽を擔ふ》という発言が意味する、占領下におけるどこか卑屈なデザインの国際化政

剣持勇
1912-1971
けんもち・いさむ

福岡縫太郎
1900-1978
ふくおか・ぬいたろう

策とは一線を画していた。彼らは、デザインにおけるナショナル・アイデンティティを模索していたということができる。

こうした生産工藝側からの視線が、美術工藝家側の《大體《だいたい》美術工藝家というものを所謂《いわゆる》藝術家として高く私は持ち上げる必要はないと思います。寧《むし》ろデザイナーとしてもっとポピュラーなものでなければならないと思います。》という発言（＊13）を引き出していった。これが、両者を融合するクラフトデザインという新概念を胚胎させた。連合軍の占領終了（一九五二年）と入れ替わるように、佐藤潤四郎や芳武茂介の創作工芸協会（一九五二年結成）、さらに、生活工芸展（一九五三年開始）などが現れ、クラフトデザインが胎動を始めていることはけして偶然ではないだろう。

北欧のインダストリアルアート

さて、次に、クラフトデザインが理念上の手本とした北欧デザインに目を転じてみたい。ここでいう北欧とは、フィンランド、スウェーデン、ノルウェー、デンマークの四か国である。

北欧デザインの最大公約数的な特徴といえば、シンプルで、暖かみがあって、使い勝手がよく、そして、洗練された日用品といったところだろう。だが、いうまでもなく、こうした特徴はもともと北欧各国の製造品に共通していたわけではなかった。それが、一つのデザイン的傾向として北欧で共有されるようになるのは、一九三〇年代からである。北欧各国の製造業と、機能主義デザインとの出会いが、「北欧デザイン」を誕生させたのだった。

その出会いとは、具体的には、合理性を至上とする機能主義デザインの普遍的思想と、北欧という中央ヨーロッパから見れば辺境で育《はぐく》まれたローカルな生活との融合だった。セーゲルシュタードはその融合から生まれたデザイン思想を、「修正された機能主義」と呼んでいる（＊14）。ドイツで一九二〇年代に登場した機能主義の建築とデザインは、別名「国際様式《インターナショナル・スタイル》」と呼ばれるように、歴史や文化の違いを超越した客観的「規格」

であるところに、その世界的な浸透力があった。ところが北欧諸国は、そこに土地固有の素材や造形感覚を加味することによって、その規格を個別的な機能主義として再解釈していったのである。

すでに一九世紀半ばから、北欧各国は中央ヨーロッパの最新デザイン、すなわち、イギリスの応用美術（アプライドアート）とアーツ・アンド・クラフツ運動、フランスのアール・デコなどの移植を試みてきた。各国では相次いで、デザイン改革のための組織が創立されている。スウェーデン・インダストリアル・デザイン協会（一八四五年）、フィンランド・クラフツ・アンド・デザイン協会（一八七五年）、デンマーク工芸協会（一九〇七年）、ノルウェー工芸協会（一九一八年）である。

しかし、北欧各国の製造物がデザイン界の新しいコンテキストを形成していると、対外的に評価されるようになったのは、第二次世界大戦後のことだった。一九五〇年代のミラノ・トリエンナーレにおける北欧各国の受賞が、「北欧デザイン」を一つの単位として世界に認知させていった。一九五一年の第九回展以降、フィンランド、スウェーデン、デンマークの三か国はつねにこれに参加し、なかでもフィンランドは五七年の一一回展で六つの最高賞を獲得したほか、金銀銅賞はほとんどすべての出品物にゆきわたるほどだった。

さらに、このミラノ・トリエンナーレへの参加が機縁になって、スカンディナヴィア合同デザイン展が発案され、一九五四年一月にアメリカ巡回展が実施された。

エーリク・クスルコブフはこの巡回展の効果について、《「スカンディナヴィアのデザイン」という概念が生まれたのはこの時であり、その後約二十年間に亘って、スカンディナヴィアの生活水準と生活思想が、室内装飾の趣味を支配することになったのである。》と指摘している（＊15）。こうして登場した北欧デザインという新概念は、手仕事（Hnadi Craft）、応用美術（Applied Art）、工業デザイン（Industrial Design）とは区別され、「インダストリアルアート（Industrial Art）」と名づけられた。

一九三〇年代以降の北欧デザインを代表するデザイナーと企業を列挙しておこう。フィンランドでは、ア

アルヴァ・アアルト
1898-1976
Aalto, Alvar

3: グンネル・ナイマン「花瓶GN27」、ガラス、1947

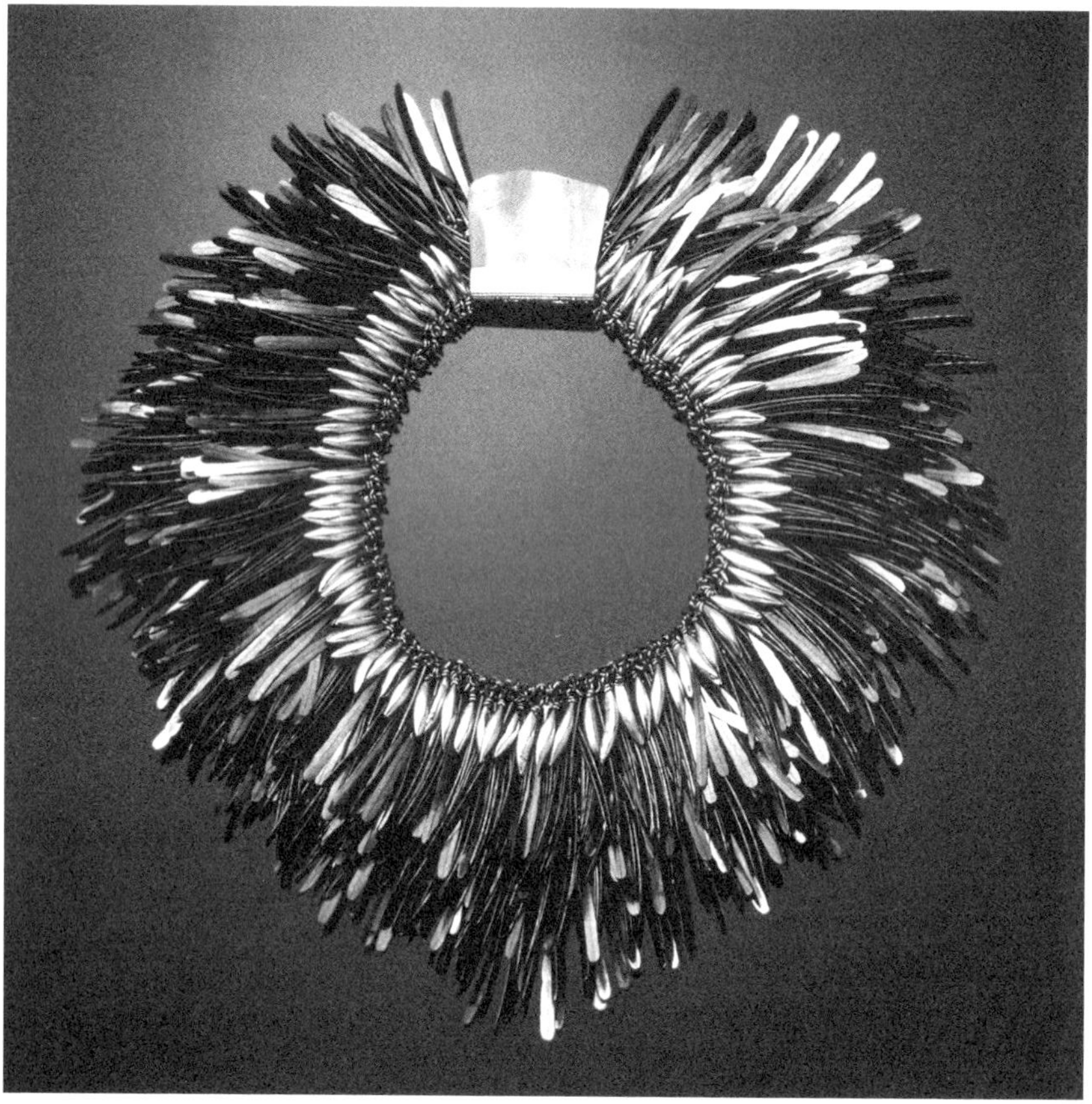

4: トーネ・ヴィーゲラン「ネックレス」、鉄、1982

ルヴァ・アアルトが知人と共同経営した家具のアルテク社（Artek　一九三五年設立）、グンネル・ナイマン、タピオ・ヴィルッカラ、ティモ・サルパネバがディレクターを務めたガラスのヌータヨルヴィ工場（Nuutajarvi　一七九三年設立）とイッタラ社（Iittala　一八八一年設立）、カイ・フランクがディレクターを務めたアラビア製陶所（Arabia　一八七四年にスエーデンのレールストランド社から独立）、そして、染織のマリメッコ社（Marimekko　一九四九年設立）。

　スウェーデンでは、陶磁器のレールストランド社（Rörstrand　一七二五年設立）とグスタフスベリィ社（Gustavsberg　一八二七年設立）、ヴィッケ・リンドストランドがデザインを担当したガラスのオレフォシュ社（Orrefors　一八九八年設立）、ベルティル・ヴァリエンがデザインを担当したガラスのコスタ・ボーダ社（Kosta Boda　一七四二年設立）、そして、染織デザインのエリザベート・ハッセルベリ＝オルソン。デンマークでは、ロイヤル・コペンハーゲン製陶所（The Royal Copenhagen Porcelain Factory　一八六八年に民間会社として設立）、銀器のジョージ・ジェンセン社（Georg Jensen　一九〇七年設立）、ストーンウェアのダンスク社（Dansk　一九五四年設立）、家具デザインのハンス・ヴェグナー、そして、ノルウェーでは、ジュエリーデザインのトーネ・ヴィーゲラン。これらのデザイナーと企業が、北欧デザインに世界的知名度を与えていった。

　とはいえ、これらのデザインが外見的にも、また、表現内容の面でも似通っていたと考えるのは、あまりに図式的にすぎるだろう。そこには、デザインの機能主義を受容する際に各デザイナーや企業が見せた、国や時期による違いがあった。

　たとえば、アルヴァ・アアルトの場合は、機能主義の思想に根本的変化を加えることはなかった。マルセル・ブロイヤーの鋼管椅子に触発されたアアルトは、その構造材を鋼管から、フィンランドには豊富にあるカバ材を使った積層板に置き換えることによって、自分のデザインする椅子に自然の感触を与えていった。一九三六年にみずから設計したスニラのパルプ工場内に置かれた《アームチェアー No.400》（一四二ページ

グンネル・ナイマン
1909-1948
Nyman, Gunnel

タピオ・ヴィルッカラ
1915-1985
Wirkkala, Tapio

ティモ・サルパネバ
1926-
Sarpaneva, Timo

カイ・フランク
1911-1989
Franch, Kaj

ヴィッケ・リンドストランド
1904-1983
Lindstrand, Vicke

ベルティル・ヴァリエン
1938-
Vallien, Bertil

エリザベート・
ハッセルベリ＝オルソン
1932-
Hasselberg-Olsson, Elisabet

ハンス・ヴェグナー
1914-
Wegner, Hans

トーネ・ヴィーゲラン
1938-
Vigeland, Tone

マルセル・ブロイヤー
1902-1981
Breuer, Marcel

図二)は、バウハウス・デザインの禁欲的な理性よりも、アール・デコの現世的な心地よさを感じさせる(実際、妻のアイノが好んだといわれるゼブラ模様の布地はアール・デコの流行装飾だった)。

グンネル・ナイマンは、アアルトと同じフィンランドのデザイナーでありながら、彼女のデザインするガラス製品には詩情が漂っている(図三)。それは、セーゲルシュタードに言わせれば、フィンランド文化に特有の《非実用的なものの意義への深い自覚》の発露であった。彼はそうした傾向が、一度目はナショナリズムの高揚した一九世紀末における民族的浪漫主義として、二度目は一九四〇年代における《内向性、メランコリー、内省、ファナティックな国粋主義、陰うつな情念》として現れたと説明している(＊16)。一九四八年に早世したナイマンのデザインに備わる詩情は、機能主義と国民的メンタリティとの融合なのだった。

トーネ・ヴィーゲランは、プロダクトデザインから一転してジュエリーデザインへと進んだが、その背景には民族の記憶に残っていた中世の美に対する愛着があった。具体的には、古い家屋に使われていた釘に惹かれ、それを扁平にしたものを無数に集めて、装身具を制作した(図四)。それは二〇歳の頃に出会った機能主義と、素朴な伝統回帰との調和であると同時に、一九七〇年頃における北欧デザインの見直しでもあった。

北欧デザインの移植

それでは、こうした北欧デザインから、日本のクラフトデザイナーは何を学んだのだろうか。それは、何よりもまず、日本はデザインの盗用を止めて、北欧のようにデザインの「独立」を目指すべきだという考え方だった。これは、デザイン富国論とでもいうべきものである。

一九五七年(昭和三三年)九月から十か月間、産業工芸試験所の海外調査員として北欧デザインを見聞した芳武茂介は、帰国後、『北欧デザイン紀行』(＊17)を著している。これは日本で最初の包括的な北欧デザインの紹介だったが、それと同時に、芳武が熱く訴えているのは日本デザインの独立だった。次に引用するのは、ヘルシンキ郊外のカイ・フランク邸を訪ねた時に彼が抱いた思いである。

私はせっかくの酒も一時に覚める思いがした。

日本もフィンランドも今時大戦に敗れ、国家独立への悲願は、国民の誰にとっても、最大の課題であったはずだ。

幸い独立ができた日本に、未だに植民地的なデザイン盗用が現実に根強く残り、特に輸出品に多く、外国の怒りを買って恥じようとはしないのである。

日本が今日なお自ら独立の栄光を放擲《ほうてき》して、省みないものにデザインがあるのだ。


芳武ほど日本の独立にこだわっていなかったにしても、多くのデザイナーにとって、日用品に関しては旧態依然のままである日本の現状を改善したいという思いは共通していたようである。

一九四八年(昭和二三年)に白い洋食器を発表した柳宗理は、白無地の磁器を製造するだけの高品質な工場設備が日本にはないこと、そして、そうした新しいデザインを受け入れる意識が消費者にも企業経営者にもなかなか芽生えてこないことを、繰り返し指摘している(＊18)。柳の白い洋食器(図五)は、彼自身外国製品のイミテーションをつよく批判しているように、けっして北欧デザインの焼き直しではなかった。しかし、良質な製造品の開発を「生きる爲に絶對必要な事」と位置づける柳の思想は、バウハウスから北欧デザインへといたる近代デザインの理想を源泉にしていた。

雑誌の対談で、あなたの白い陶器はラッセル・ライトあたりからヒントを得たのかと問われた柳は、「そう云うことは全然ありません」と答えている(＊19)。ラッセル・ライトは生活の簡易化(Easier living)を理論的に提唱したアメリカのインダストリアルデザイナーだったが、柳の否定は商業主義的なブランドと化しつつある「北欧デザイン」、そして、アメリカの「モダンリビング」にむけられていたのであって、生活用品のデザイン改善に対する無関心でなかったことは明白である。柳の啓蒙的な仕事ぶりは、北欧デザインからその本質をつかみ取ろうとする、戦後日本のデザイナーの姿勢を象徴していた。

柳宗理
1915-
やなぎ・そうり

ラッセル・ライト
1904-1976
Wright, Russel

5: 柳宗理「ティーポット」(硬質陶器、松村硬質陶器)、1948-50　撮影: 米田太三郎

日本デザイナークラフトマン協会の活動

日本デザイナークラフトマン協会（ＪＤＣＡ）が「日本ニュークラフト展」（＊20）を開催するようになってからの約三〇年間、つまり一九六〇年から九〇年頃までが、日本におけるクラフトデザインの隆盛期だった。北欧デザインのそれが一九三〇年頃からの約三〇年間だったことを考えると、日本は北欧とほぼ入れ替わりに、「クラフトデザイン」の時代を迎えたということになる。

一九六〇年からの約三〇年間に、この協会の活動から加藤達美、中村富栄、會田雄亮、高木晃、平松保城、近藤昭作、鶴岡鉦次郎、わたなべひろこ、島貫昭子、大西長利、熊井恭子、島添昭義、中村ミナト、十時啓悦らのクラフトデザイナーが登場している。

近藤昭作
1927-
こんどう・しょうさく

ＪＤＣＡ（のちの日本クラフトデザイン協会も含めて）の活動が担った役割、あるいは、意味を、ここでは次の三つに絞って紹介しておきたい。

その第一は、ＪＤＣＡは敗戦後の地場産業復興に大いに貢献したということである。文部省は一九五〇年（昭和二五年）に文化財保護法を制定して、職人仕事の保存に乗り出している。しかし、地場産業への影響力という点から見れば、伝統文化の継承を掲げていた文部省のほうは、芸術振興という性格がつよかったのに対し、商品生産を目指していたＪＤＣＡのほうはずっと即戦力があり、実効的だった。廃業しかかっていた鋳物、塗り物、挽き物、竹細工、焼き物などの職人たちは、製品の様式に「クラフトデザイン」を採り入れることによって、新しい顧客を獲得できたからである。地場産業の側から見ればＪＤＣＡの活動は、運動の提唱である前に、滅びゆく手仕事の救済だったのである。

その第二は、クラフトデザインの製品は、家庭内における家父長制の崩壊がすぐそこまで来ていることを実感させるものだったということである。クラフトデザインはデザインの一分野である以上、原理的に大衆社会の到来を前提にしている。したがって、その製品は、儀礼用／普段用、来客用／家族用、主人用／妻子用といった人間関係の階層序列を、デザインするうえでの規範にしていなかった。そのため、それを使う人

2: アルヴァ・アアルト「アームチェア No.400」1935-36

6: 近藤昭作「市女笠」(四つ目編ペンダント、竹)1980、「波動」(麻の葉編あんどん、竹)1990
(里文出版『竹のあかり 近藤昭作の仕事』より 撮影: 松藤庄平)

たちの間に、平準で平等な関係が成り立つことを暗示していたのである。クラフトデザインは、身辺の品々に宿った戦後民主主義だったということができるだろう。

その第三は、クラフトデザインによって、多くの人たちが見慣れた室内に、「伝統的な日本空間」を再認識していったということである。戦後の日本家屋は床の間を奪ってしまったように、大勢として洋式化していった。畳や障子が部分的に生き残ったにしても、内装材のほとんどは新建材に取って代わられた。とすれば、日本人の漆や紙や鋳鉄といった自然素材に対する愛着を、新しい工夫によって確保しようとする試みが起こっても不思議ではないだろう。クラフトデザインは、外見的にはどれほど変わっても、日本の室内を律するものが、依然として日本人の伝統的な生活感情であることを、わたしたちに思い出させてくれる道具だったのである。それはちょうど、アルヴァ・アアルトが機能主義の家具に積層板を使って、フィンランド文化の自然に対する親近感を表現したのと同じことである。

近藤昭作の《竹のあかり》(図六)は、現代の室内も、実は和の空間であることを再発見させてくれる。近藤の竹を編んだ照明が、蕎麦屋、山荘、和風の書斎に多用されているのは、けっして偶然ではない。

ところで、熱気が冷めたあとの「クラフトデザイン」は、どこにみずからの役割を見出そうとしたのだろうか。一九八〇年代後半から、日本クラフトデザイン協会の公募展には、個人的趣味を表わす製品が目立ち始める。島添昭義の玩具のような木工品(図七)は、その典型である。これはまた、すでに欧米のインダストリアルアートでは顕著になっていた傾向でもあった。

内田邦夫はこの傾向をホビー・クラフトと呼んで非難している(＊21)。しかしながら、北欧デザインの構造的成り立ちにまで立ち戻って考えてみるならば、これはかならずしも不本意な現象ではなかった。というのも、外来の普遍的思想である機能主義を、国や時代ごとに個別に再解釈したところに、北欧デザインの本質があったからである。個人的趣味のクラフトデザインも、「修正された機能主義」だったのである。

島添昭義
1945-
しまぞえ・あきよし

内田邦夫
1910-1994
うちだ・くにお

7: 島添昭義「ぱかぱか」、木、1978 作者蔵

註・参考文献

1 一九五五年（昭和三〇年）一二月に、岩田久利、菱田安彦、加藤達美らが結成した国際工芸美術協会の機関誌は『CRAFT DESIGN』と称したが、このタイトルも日本人が考案したものである。

2 小川熙は「現代クラフトの展望」（『日本のクラフト』、日本クラフトデザイン協会、一九八六年九月）で、これを指摘している。

3 山崎幸雄、塚田敢、福井晃一『デザイン小辞典』、ダヴィッド社、一九六八年四月新版。一九五五年の旧版には「クラフトデザイン」は載っていない。

4 たとえば、美術出版社の『現代デザイン事典』（一九六九年六月）で、芳武茂介が「クラフトデザイン」を本格的に解説している。

5 日本デザイナークラフトマン協会が結成されたのは、一九五六年（昭和三一年）。

6 先駆的なクラフトデザイナーとして知られる芳武茂介も、『デザインの事典』（朝倉書店、一九八八年四月）で、「クラフトデザインとは、工芸デザインのことである。」とまず言い切っている。

7 佐藤潤四郎「クラフトマン協会設立事始め」（『日本のクラフト』、日本クラフトデザイン協会、一九八六年九月）

8 菱田安彦『デザインハンドブック2　クラフトデザイン』、現代教養文庫四一二、社会思想社、一九六三年三月。

9 斎藤信治「進駐軍家族用家具生産の意義」（『工藝ニュース』、一九四六年一〇月号）

10 これについては、森仁史『ジャパニーズモダン　剣持勇とその世界』（国書刊行会、二〇〇五年五月）が詳しい。

11 剣持勇「アメリカ・モダニズムに窺える竹趣味」（『工藝ニュース』、一九四九年八月号）

12 座談会（出席者／小池新二、小池岩太郎、鈴木富久治、前川國男、海野健夫、辻光典、金子徳次郎、松本政雄、

13 福岡縫太郎、西川友武）「生活文化と工藝　美術工藝と生産工藝」（『工藝ニュース』、一九四八年九月号）
14 註12と同じ座談会における辻光典の発言。
15 ウルフ・ホード＝アフ＝セーゲルシュタード（Ulf Hard af Segerstad）「四つの国、一つのかたち」（『スカンディナヴィアの工芸』展カタログ東京国立近代美術館、一九七八年）
16 エーリク・クスルコブフ（Erik kruskopf）「フィンランド・クラフツ・アンド・デザイン協会」（『スカンディナヴィアの工芸』展カタログ、東京国立近代美術館、一九七八年）
17 ウルフ・ホード＝アフ＝セーゲルシュタード『現代フィンランドデザイン』、伊藤広子訳、形象社、一九七二年一〇月。
18 芳武茂介『北欧デザイン紀行』、相模書房、一九六〇年九月。
19 柳宗理「インダストリアル・デザイナーのひとり言」（『工藝ニュース』、一九五〇年四月号）
20 柳宗理・宮崎正治「對談　白い陶器をめぐって」（『工藝ニュース』、一九四九年四月号）
21 最初の日本ニュークラフト展は、一九六〇年五月一三日から一八日まで、銀座松屋で開かれた。テーマは「新しい暮らしの工芸」だった。
22 内田邦夫『現代工芸を考える』、京都書院、一九八八年四月。

参考のための簡略なクラフトデザイン年表

一九四六年（昭和二一年）　六月、『工芸ニュース』復刊（産業工芸指導所編集）
一九四六年（昭和二一年）　雑誌記事「特集　進駐軍家族用住宅と家具」（『工芸ニュース』一〇月号）
一九四七年（昭和二二年）　雑誌記事「ニユウヨオク近代美術博物館Ⅰ、Ⅱ、Ⅲ」（『工芸ニュース』一一月号、一二月号、一九四八年一月号）
一九四八年（昭和二三年）　雑誌記事「世界の工芸家 8　アルヴァール・アールト」（『工芸ニュース』一一月号）
一九五〇年（昭和二五年）　雑誌記事「スエーデンの照明器具」（『工芸ニュース』一月号）
一九五一年（昭和二六年）　雑誌記事「北欧のシーリングライト」（『工芸ニュース』九月号）
一九五一年（昭和二六年）　雑誌記事「北欧の近代工芸（小池新二）」（『工芸ニュース』一一月号）
一九五二年（昭和二七年）　日本インダストリアルデザイナー協会（ＪＩＤＡ）結成
一九五六年（昭和三一年）　日本デザイナークラフトマン協会（ＪＤＣＡ）結成
一九五七年（昭和三二年）　グッドデザイン選定事業開始（通産省）
一九五八年（昭和三三年）　通産省にデザイン課設置
一九五九年（昭和三四年）　クラフトセンター・ジャパン発足
一九六〇年（昭和三五年）　芳武茂介が『北欧デザイン紀行』（相模書房）を上梓
一九六八年（昭和四三年）　ダヴィッド社の『デザイン小辞典』（新版）に「クラフトデザイン」の項目が登場
（一九五五年の旧版にはこの項目はなかった）
一九六九年（昭和四四年）　日本産業デザイン振興会設立

一九七六年（昭和五一年）　日本デザイナークラフトマン協会（ＪＤＣＡ）が社団法人となり、日本クラフトデザイン協会（ＪＣＤＡ）と改称

一九七八年（昭和五三年）　京都で世界クラフト会議開催

第六章　プロダクトデザイン

橋本優子

はじめに——プロダクトデザインの位置づけ

デザインとは、
一、目的性＝「構想・提案」する
二、製品化＝「制作・生産」する
三、社会的効果＝「受容・消費」する
という無限にフィードバックされる流れを前提とする「知的もの作り」である。

単なる「もの作り」ではなく、人と人、人とモノ、モノとモノの関係性を創造的に模索すること、これこそデザインの本質としてよいだろう。

「人―モノ」の関係性、実際に生み出されるモノの特質によってデザインを大別すると、コミュニケーション（情報伝達）とスペースプランニング（空間計画）というふたつの機軸に分けることができる。より一般的な表現を用いるならば、コミュニケーション系はグラフィック（平面）デザインあるいはヴィジュアル（視覚）デザイン、スペースプランニング系は建築・環境デザインならびにインテリア（内装）デザインを意味する。この中間に位置し、両者にまたがりながらモノそれ自体を志向するのがプロダクト（製品）デザインだ。

グラフィック(ヴィジュアル)デザインには、コミュニケーションにかかわる各種の(主として視覚)メディア、すなわち冊子形態のものを含む印刷物(ポスター、チラシ、パンフレット、雑誌、書籍など)、それを成立させるエレメント(活字、タイポグラフィ、イラストレーション、写真、コンピュータグラフィックスなど)、厳密にいえば平面ではないが、これに類するもの(ウェブ、映像、看板、パッケージなど)が含まれる。

建築・環境デザインおよびインテリアデザインは、さまざまの建造物を中心に、その内部(インテリア)とディテール、都市から宇宙へと広がる外的世界(エクステリア)を網羅する。部分的には土木(橋梁など)や彫刻(モニュメントなど)と重なり、恒久性のあるものに加えて、仮設物(展示デザインなど)、スペースプランニングに大きな影響を及ぼす光や音も対象となる。

このように考えると、プロダクトデザインの範疇は非常に広く、コミュニケーション領域に近いファッション・アイテムからスペースプランニングに直結する椅子やテーブルまで、生活を充たすあらゆるモノが思い浮かぶ。換言するならば、私たちにもっとも身近なプロダクト(製品)、つまり家具、家庭用品、工業製品など、ひいては社会にあふれるすべてのモノが広義のプロダクトデザインの対象である。その制作・生産プロセスで生じるスケッチや図面、マケット(模型)、プロトタイプ(原型)、記録写真、リプロダクション(再制作)などが含まれるのはいうまでもない。

デザイン・プロダクトは、冒頭に記した流れ――

一、人が何かを実現するために
二、モノを作る
三、人がモノを使うことによって、さらに何かが起こる

を踏まえて生み出されるアート(芸術)とテクノロジー(技術)の所産である。

別種の知的もの作りである「美術」との相違は、創造の直接的な動機となる「構想・提案」の使命にあり、

「工芸」とは、それを実現する「制作・生産」のプロセスによって一線を画する。神、為政者、特定の個人や社会

など、何(誰)かのために制作されるが、究極的にはアーティストがみずからの思想や感性の具現化を目指すのが美術作品といえる。一方、受容や消費を想定しながら、生産工程において「人－モノ」の関係性が自己完結し、クラフツマンシップ(技能)を至上とするのが手工芸品だ。したがってプロダクトデザインは、しばしば誤解されているように、美術の変容として始まったのではなく、工芸から分化したわけでもない。目的性、製品化、社会的効果の追求が明確なプロダクトデザインは、美術や工芸とは異質なデザインの原理をもっともわかりやすく示す領域といえる。デザインの始まりを決定づけ、それが産業として発展するための指針となったモダニズム(近代主義)にリアリティを与えたのも、このジャンルにほかならない。

産業革命を経て、生産と消費のシステムが劇的に変化した一九世紀は、「人－モノ」の関係性がこれまでになく即物的となった。資本主義経済を基盤とする工業化時代を前にして、モノの質、もの作りのあり方のみならず、社会制度と精神文化の一新を目指したのがモダニズムである。ところが、(ヨーロッパの)歴史や伝統からの脱却、便利で快適な生活環境の創造、その世界的な敷衍という果てしない理想を実現するためには、逆説的なことに優れたデザイン・プロダクト(製品)が不可欠だったのだ。

美術が真の意味で自律性を獲得した反面、工芸が自覚的にクラフツマンシップを問題化せざるを得ず、美術－プロダクトデザイン－工芸の急速な接近、鋭い対峙が見られたのも、まさしく近代である。

そこで本章では、プロダクトデザインの領域的な位置づけ、美術・デザイン史上の意義に鑑みながら、その特性、きわだつ個性や製品をポイント的に紹介する記述とした。すなわち、全体の流れを総花的に追うのではなく、産業革命からモダニズムの最盛期に時代を絞り、機能主義デザインの文脈におけるモノの「品質改革」、もの作りに携わる人々の「意識改革」、人－モノの関係性を完結する「生活改革」に照準を合わせて、近代のプロダクトデザインを論じている。

産業経済の改革――モノの質をきわめるということ

人はモノとともに生き、個人・社会生活において道具を必要とする存在である。その意味でプロダクトデザインの歴史は、洋の東西を問わず太古に遡り、もの作りという産業は、近代に突入する以前から各地で成立していた。

だが、デザインの原理を意識した活動が行なわれるようになったのは、一九世紀になってからといってよいだろう。その原動力は、イギリスからヨーロッパやアメリカ、やがては日本にも波及した産業革命であり、大々的なプロモーションの場は、殖産興業をメインテーマに掲げる博覧会事業だった。

木綿工業の技術開発に始まったイギリスの産業革命は、蒸気機関と機械の導入を経て、同質の製品を大量に生み出す工場制機械生産を現実のものにした。まさしく産業史上のエポックである。手工制少量生産に依存したもの作りが終焉を迎えたのみならず、重工業の発達を促し、労働力の供給による急激な都市化、大資本の蓄積、交通・流通革命、大衆市場と密接に結びつく物質文化の誕生をともなったからだ。

画期的な生産・消費システムの中で、さまざまな発明が生まれ、安価な量産品も出回るようになる。しかし、それらの質をきわめることについては、単に新(珍)奇なモノを次々と供給するようには、やすやすと達成されなかった。

この未知の世界にアートとテクノロジーのガイドラインをもたらし、品質の向上、維持、評価、普遍化と差別化に寄与したのが、ほかならぬプロダクトデザインである。だからこそ、従来の工芸、インダストリー(もの作り産業)、引き続くアーツ・アンド・クラフツ(美術工芸)と区別するために、当初はインダストリアルアート(産業工芸)と名づけられたのだ。

産業革命がターニングポイントに達したイギリスで、「アートやデザインの原理に関する知識発展の最良の方法を考える委員会」の設置(一八三五)、官立学校「サマセット・ハウス・スクール・オブ・デザイン」の設立(一八三七)、そして「機械輸出禁止令」の完全撤廃(一八四三)が同じ時期だったことは、注目すべき事実といえる。政策的なガイドライン、実務教育の布石が置かれ、それらのノウハウとともに、独占的に保護されていたテクノロジーがグローバル化していく契機になったからである。すでに「デザイン」という言葉が用いられ、それがあきらかにプロダクト領域を意味した点も見逃せない。

インダストリアルアートに対する同じ路線の取り組みは、関税同盟の結成(一八三三)、国家統一(一八七一)を踏まえて産業革命を経験したドイツに受け継がれた。

ヘルマン・ムテジウス、ペーター・ベーレンスを中心とするドイツ工作連盟(DWB、一九〇七年設立)が時代をリードし、イギリス以上に求心的かつ集権的な活動が進行する。それが合理主義にもとづく殖産興業策だったことはいうまでもない。一方、プロトタイプの製品化までも視野に入れる総合的なデザイン教育は、ヴァルター・グロピウス、ハンネス・マイヤー、ルートヴィッヒ・ミース・ファン・デル・ローエが率いるバウハウス(一九一九〜三三)で段階的に模索された。

どちらのケースも二〇世紀前半の展開だが、すべての始まりは産業革命に求められ、その時点で明示された「質をきわめる」という考え方こそ、今日にいたるプロダクトデザインの根本原理を成している。

機能主義デザインを標榜するドイツ合理主義の系譜は、グロピウス、ミース、マルセル・ブロイヤー、ラースロー・モホリ=ナギほか、バウハウス人脈のアメリカ亡命・移住という混乱にもかかわらず、DWBの再建(一九五〇)を経て、家電メーカーのブラウン社と協働したウルム造形大学(一九五三〜六八)に集約されていく。

一九六〇年代末にモダニズムへの異議申し立てが起こるまで、もの作りの原点に直結する「良き規範」、たとえば金属パイプ家具、家庭・業務用食器セット、電化製品やオフィス機器などのインターナショナル・スタンダードは、つねにドイツにあったのだ。デザイン教育についても同様である。

リベラリズム、巨大資本と市場経済に支えられ、一九世紀末には世界最大の工業先進国に躍進したアメリカの場合、DWBのスローガンとなった製品の規格化、量産化、標準化は、むしろ企業ベースで導かれる。

ヘルマン・ムテジウス
1861-1927
Muthesius, Hermann

ペーター・ベーレンス
1868-1940
Behrens, Peter

ヴァルター・グロピウス
1883-1969
Gropius, Walter

ハンネス・マイヤー
1889-1954
Meyer, Hannes

ルートヴィッヒ・ミース・ファン・デル・ローエ
1886-1969
Rohe, Ludwig Mies van der

マルセル・ブロイヤー
1902-1981
Breuer, Marcel

ラースロー・モホリ=ナギ
1895-1846
Moholy-Nagy, László

公的なガイドライン作りや教育制度の整備よりも、T型フォード(一九〇八~二七)が象徴する生産・流通システムの合理化に実り、プロダクトデザインの受容・消費にかかわる近代的な家事学の提唱でも先鞭をつけた。

インダストリアルデザイナーという職種、ノーマン・ベル・ゲッデス(ゲディーズ)、レイモンド・ローウィといった人々の個性、生き方が社会的に認知されたのもアメリカである。併せて、コマーシャリズムと結びついた大衆好みのハイテクノロジー・スタイル、すなわち流線型デザインが生まれ、ニューヨーク株式市場の株価暴落(一九二九)後、暗い時勢にセンセーショナルな話題を提供した。

フランス、ベルギー、オーストリア、DWBが始動する直前のドイツでは、まったく別種の産業工芸が息づく。フランスのように、先進国でありながら農業人口の占める割合が高く、産業革命の主体が手工芸品の生産にうってつけの小資本の軽工業だった、という特殊な事情もある。だが、いずれの地域も、工業化とモダンデザインの先覚者イギリスのもうひとつの側面——アーツ・アンド・クラフツの影響を色濃く受けたことを忘れてはならない。

これらの地域は、パリ、ブリュッセル、ウィーン、ミュンヘン、ベルリンに代表される新しい美術運動の重要な拠点を有する。そこでは、伝統的、歴史主義的なファインアート(純粋芸術)に相対するアプライドアート(応用芸術)の一翼を形成しながら、造形理念、表現やスタイルが美術と分かちがたく、やがては美術をのみ込んだグラフィック領域が隆盛した。生命を与えたのは、もちろんアール・ヌーヴォー(新しい芸術)の思想である。

一九世紀末から二〇世紀初頭には、私的空間の華やかなインテリア、洗練された家具、凝った意匠の陶磁器、ガラス器、貴金属品、宝飾品などが作られた。建築装飾や工業製品さえも有機的なフォルム、独特の優美なテイストに席巻されるが、そのすべてをプロダクトデザインと呼ぶには、あまりにも多種多様といえよう。

その後、過剰で無節操な装飾に反駁したアーツ・アンド・クラフツは、アール・ヌーヴォーの咀嚼とヴァ

ノーマン・ベル・ゲッデス
1893-1958
Geddes, Norman Bel

レイモンド・ローウィ
1893-1986
Loewy, Raymond

ナキュラーな進化——ドイツのユーゲントシュティル、ウィーン分離派(一八九七年結成)に吸収されていく。

一九二〇年代になると、ドイツ合理主義とは異なるモダンデザインが二極化し、産業革命〜DWB〜バウハウス(〜ウルム造形大学)の伏線を成す系譜がグローバル化する。それは、アドルフ・ロースが予見した装飾の罪悪視を受け、ル・コルビュジエのように住宅を機械と見なすほど極端なストイシズム、これとは対比的なアール・デコの都会風俗だった。

キュビスム、未来派、構成主義、新造形主義、ダダイスムなど、美術の前衛世界と手を結んだ前者は、絶対的な理念の具現化、製品化で困難を来たし、むしろ建築に成果があった。逆に、マシーンエイジ(機械時代)の装飾美を称える後者は、合板、軽金属、鋳造ガラス、ベークライト、ビニールレザー、化学繊維から機械パーツまで、思いつくかぎりの目新しい素材を多用したインテリアオブジェ、趣味性の高い日用品(酒器、喫煙具、ステーショナリー、ラジオ、蓄音機、カメラなど)、モード領域のアイテム(アクセサリー、トイレタリー用品、化粧品ボトルなど)の流行を呼ぶ。

これらに一歩遅れたオランダと日本はよく似た経緯をたどり、イギリスの幅輳《ふくそう》した方向性、アール・ヌヴォーのさまざまな動向、ドイツでの真摯な追求、ならびに総体としてのモダンデザインが短期間に押し寄せ、幅広い試行錯誤が同時多発的に行なわれる。

ドイツ、フランス、ベルギーに囲まれ、海峡を隔てたイギリスにも近いオランダは、産業革命を達成したのが実に二〇世紀初頭だった。デ・ステイル(一九一七〜三二)が代弁するモダニズムの急先鋒として浮上し、同時にアムステルダム派、すなわち神秘主義や表現主義の拠点になったのは、そのわずか二〇年以内のことである。この邁進ぶりは、明治三七〜三八年(一九〇四〜〇五)の日露戦争を経て工業国に脱皮した日本で、早くも大正年間に合理主義的な産業工芸の提案、実験的な生産が始まり、平行してウィーン分離派ふうの実践、アール・デコの膾炙も見られた状況に匹敵する。

ロシアの場合、フランス資本の参画によって帝政末期に工業化が進む。しかし、アートとテクノロジーを

アドルフ・ロース
1870-1933
Loos, Adolf

ル・コルビュジエ
1887-1965
Le Corbusier

直接的に結びつけた活動の結実は、むしろロシア革命(一九一七)以降のアヴァンギャルド動向――舞台芸術や文学なども巻き込んだ構成主義、プロパガンダを中心とするグラフィック領域に見られた。

創造者の意識改革――手わざの壁を乗り越えるということ

プロダクトデザインの始まり、その理想的なあり方を求める大きな潮流は以上のとおりだが、実際にはどのようなモノが登場し、製品化されていったのだろうか。

ふたたび一九世紀に遡る。ロンドンで開催された世界初の万国博覧会(一八五一)では、とりわけ機械と工業製品の展示が人々の耳目を集め、鉄骨とガラスを用いた比類ない大型仮設建造物「クリスタル・パレス」をにぎわした。総合プロデューサーを務めた産業工芸家ヘンリー・コールの思惑どおりに違いない。

しかし、その実態はデザイン・プロダクトとはいいがたい。やみくもに古典的な装飾をほどこした重々しい実用新案など、目的性、製品化、社会的効果の追求が発展途上で、見るからに奇妙な品々のオンパレードだった。皮肉な見方をするならば、多才な実務肌の官吏コールが置かれた微妙な立場、殖産興業という名目を借りて進められたアートとインダストリーの「折り合い」を示すものが多かったといえる。

もの作りをめぐる官と民、マシンメイド(機械生産)とハンドメイド(手仕事)、メーカー(製造業者)とクラフツマン(職人)、不特定多数のユーザーと特権的ユーザー、無名性と個的な趣味性、機能と装飾、ひいては革新と伝統の折り合いなど、本質的に解決できない対立構造もあきらかになった。また、第二次世界大戦期にいたるまで、そのプレゼンテーションが権威主義的かつ商業主義的な博覧会事業――パリ万国博覧会(一八八九、一九〇〇、一九三七)、現代工芸美術国際博覧会(アール・デコ博、パリ、一九二五)、ニューヨーク世界博覧会(一九三九~四〇)などに継続されていったことは興味深い。

サマセット・ハウス・スクール・オブ・デザインの総指導監督、デザイン教育の中核施設サウス・ケンジントン博物館の館長を歴任し、デザイン批評、執筆・編集面でも手腕を発揮したコールだが、後年、似たよ

ヘンリー・コール
1808-1882
Cole, Henry

うな立場にあったムテジウスやグロピウスには及ばず、プロダクトデザイン史に残るような製品も手がけていない。だが、その周辺には注目すべき才能がいた。DWB、バウハウスに先駆ける純粋なかたちを導いたクリストファー・ドレッサーである。

実業学校スクール・オヴ・デザインに学んだドレッサーは、植物学者から装飾研究家、デザイン教育者を経てフリーランスの産業工芸家に転じ、契約メーカーへの図案提供を生活の糧とした異色派だ。一時期はジャポニスム(日本趣味)にも惹かれ、日本の工芸品を扱う貿易会社を運営するが、明治初期に来日(一八七六〜七七)した際は、サウス・ケンジントン博物館の臨時使者として、ヨーロッパの工芸品を日本政府に寄贈するという中途半端な役回りだった。

後半生は一転して、これまでに類例を見ないスタイルの実用金属器(図一)にいたる。シンプルで機能主義的なフォルムもさることながら、ホワイトメタルなどの新素材、電気メッキといった新技術を積極的に用い、廉価で良質の量産品を独自に完成させたことは驚きに値する。今日の製品と比較してもまったく遜色がなく、これこそあらゆるプロダクトデザインのプロトタイプ、回帰すべき原点と考えてよいだろう。

ところが、この無装飾で抽象的なスタイル、過去の技術によらないデザイン・プロダクトは、いささか登場が早過ぎた。質をきわめるために、むしろ工場制機械生産に異を唱えたアーツ・アンド・クラフツが機先を制したからだ。

ある意味では思想性を欠き、一種の手ぬるい「折り合い」を進めたコール派──「上からの改革」に対して、社会運動家のジョン・ラスキンや、文筆、手仕事、デザインのすべてに長じたウイリアム・モリスが示したもの作り──「下からの改革」は、いっさいの妥協と権威主義を許さない。中世の手工芸ギルドを理想とし、素材の吟味とたしかなクラフツマンシップに徹する。理論武装も確固たるものだった。

モノとしての精度が非常に高いアーツ・アンド・クラフツの製品は、生産機械の導入とは別に、市場性を意識した商品化の点で壁に突き当たり、装飾の完全な排除という根本的な問題も解決できなかった。優れた

クリストファー・ドレッサー
1834-1904
Dresser, Christopher

ジョン・ラスキン
1819-1900
Ruskin, John

ウイリアム・モリス
1834-1896
Morris, William

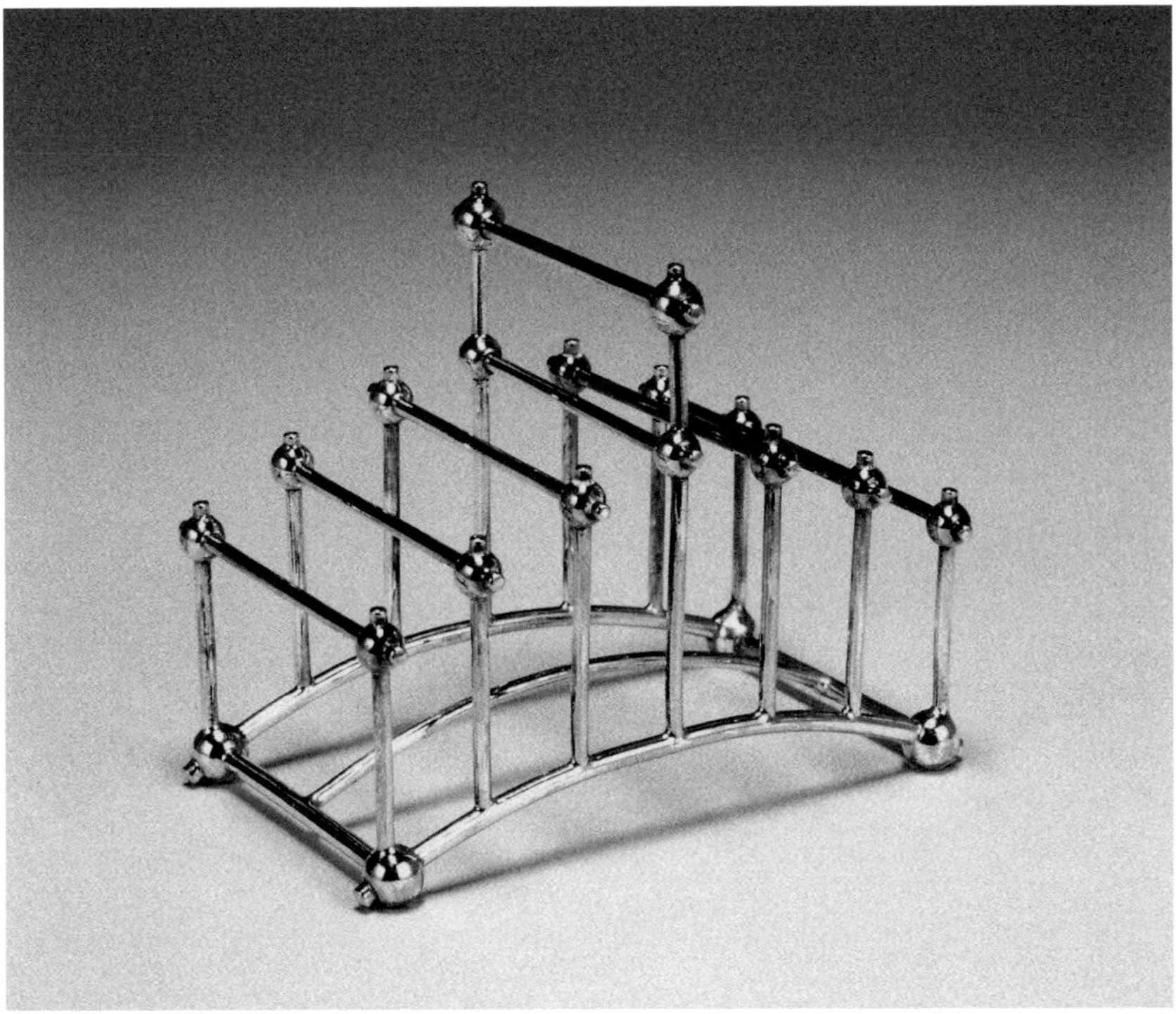

1: クリストファー・ドレッサー「トーストラック」1881　所蔵：宇都宮美術館
ホワイトメタル(鉄を含まない合金)、銀の電気メッキ
H125×W155×D90ミリ、ヒューキン&ヒース社、イギリス

手わざを駆使した家具、壁紙、陶磁器、ジュエリー、染織品、装丁本などは、品質維持のために生産量をかぎりなく押さえ、価格も超一流だった。応用芸術による物質・精神生活の向上という理想とは裏腹に、それらをもっとも必要とする大衆の手が届く品々ではなかったのだ。

また、いかに簡素で趣味がよい実用品とはいえ、何らかのかたちで「新しい装飾」をほどこした美術工芸品の域を出ず、その点では同時代のインダストリアルアートと変わりない。

こうした矛盾を抱えたまま、アーツ・アンド・クラフツは海を越える。アンリ・ヴァン・デ・ヴェルデを介してベルギーに着地し、フランスのアール・ヌーヴォーを表現の糧とした後、ドイツ——最終的にはバウハウス発祥の地、ヴァイマールへ波及していく。ユーゲントシュティルの拠点でありDWBも育んだミュンヘンでは、地域文化や地場産業に根差す美術・産業工芸、アール・ヌーヴォー、機能主義デザインを結ぶミュンヘン手工芸工房連盟が結成される（一八九八）。これには、コアメンバーのヘルマン・オブリスト、リヒャルト・リーマーシュミット、ブルーノ・パウルに加えて、ベーレンスが深く関与した。

ダルムシュタットの場合、アーティスト・イン・レジデンス型のユートピア、ダルムシュタット芸術家コロニーが築かれ（一八九九）、イギリスからチャールズ・ロバート・アシュビー、ヒュー・マッケイ・ベイリー・スコット、オーストリアからヨーゼフ・マリア・オルブリヒの参加があった。

オーストリアでは、美術の歴史、伝統、アカデミズムに決別したウィーン分離派が、絵画、彫刻、工芸、建築のヒエラルキーを取り払い、生活の芸術化を目指す「総合芸術」を推進する。アーツ・アンド・クラフツの「美的生活」に対する共鳴であることはいうまでもない。だが、デザイン活動の主体は、むしろ作品公開（分離派展）にかかわるキュレーション、その展示と広報に関するアートディレクションだった。製品の総合プロデュースは、ヨーゼフ・ホフマンが率いるウィーン工房（一九〇四年設立）に委ねられ、構想、生産から流通までの工程にデザイナーとクラフツマンの両者が携わるようになる。とはいえ、想定されるユーザーはきわめて見識の高い人々であり、私的空間の贅を尽したインテリア、高級な手工芸品が大勢を占めていた。

アンリ・ヴァン・デ・ヴェルデ
1863-1957
Velde, Henry van de

ヘルマン・オブリスト
1862-1927
Obrist, Hermann

リヒャルト・リーマーシュミット
1868-1957
Riemerschmid, Richard

ブルーノ・パウル
1874-1968
Paul, Bruno

チャールズ・ロバート・アシュビー
1863-1942
Ashbee, Charles Robert

ヒュー・マッケイ・ベイリー＝スコット
1865-1945
Baillie Scott, Hugh Mackey

ヨーゼフ・マリア・オルブリヒ
1867-1908
Olbrich, Joseph Maria

ヨーゼフ・ホフマン
1870-1956
Hoffmann, Josef

2: ヨーゼフ・ホフマン「蓋物」1909　所蔵: 宇都宮美術館
銀、H107 × W157 × D157ミリ　製作: ウィーン工房、オーストリア

結局のところ、ヨーロッパ各地で起こったアール・ヌーヴォーとアーツ・アンド・クラフツの出会いは、「装飾をほどこす」という経験の踏襲に終わる。もちろん表面的なスタイルの変化はあきらかだった。垂直・水平ラインの強調、シンプルなフォルムへの移行が見られ(図二)、グラスゴー派のチャールズ・レニー・マッキントッシュ、アメリカのフランク・ロイド・ライトの造形感覚に呼応する。

この流れは、第一次世界大戦を経てアール・デコに組み込まれ、アーツ・アンド・クラフツの精神とは無縁の幾何学的エレガンスが敷衍していった。担い手は、ピエール・シャルロー、ジャン＝エミール・ピュイフォルカのような新時代の売れっ子デザイナーである。

量産を意識した素材の選択と技術開発、それによって必然的に生まれる無駄のない美しいかたちという観点からすると、ロンドン万博(一八五一)にも出品されたトーネットの曲木椅子こそ、「ドレッサー以前」のヨーロッパでは、もっとも画期的だったとしてよい。しかし、規格パーツを用いた分解・組み立て式の生産システム、人間工学的にも優れた普遍性のあるデザインの実現、すなわち手わざの矛盾と限界をいち早く克服したのが製造販売会社であり、図案・手工芸家集団ではなかったがために、プロダクトデザインの行く末に根深い問題を残すことになる。

加えて、建築家と手工芸家の多くが、いっそうアーティスティックに理想を追い、クラフツマンシップの修辞的な洗練を求めた状況で、産業工芸家の自覚、社会的認知が未熟だったことも大きなネックとなった。一九二〇年代におけるモダンデザインの二極化は、こうした歪曲構造をひとつの原因とし、手工芸家がアヴァンギャルディストと創造的な世界の有名人、クラフツマンシップがテクノロジーにすり替わって起こった現象と考えられる。

その意味でも、ベーレンスとAEG社による電気ケトル(図三)は、「ドレッサー以後」の記念すべきエポック、第二世代のプロダクトデザインの珠玉といえよう。公務員、フリーランス(契約)、インハウス(社内)といった立場の違いを超えるデザイナーの意識改革が、「モノ自体」と「もの作り」の両面に認められるからだ。

チャールズ・レニー・マッキントッシュ
1868-1928
Mackintosh, Charles Rennie

フランク・ロイド・ライト
1867-1959
Wright, Frank Lloyd

ピエール・シャルロー
1883-1950
Chareau, Pierre

ジャン＝エミール・ピュイフォルカ
1897-1945
Puiforcat, Jean-Émile

3: ペーター・ベーレンス「電気ケトル」1908頃　所蔵: 宇都宮美術館
真鍮(内部はニッケルメッキ)、籐皮
H220×W204×D145ミリ、AEG社、ドイツ

自然なかたちで日常生活にハイテクノロジーを供するという発想、それを存分に生かすデザイン、工業化に即した素材の吟味、製造・販売にかかわる総合戦略は、アーツ・アンド・クラフツの系譜が実現できなかった、デザイナーとメーカーの共同アイデンティティである。

デザイナー、クラフツマン、メーカー、教育者、販売業者ほか、多様な職種の民間人の協力による合目的なクラフツマンシップの提唱と継承、有用で美的な工業製品の生産と流通、大衆への普及活動の本格化は、イギリス・デザイン産業協会(DIA、一九一五年設立)の登場を待たねばならない。ドイツ国内の動向を統合するべくDWBを組織したムテジウスでさえも、本格的に壁を乗り越えたのは、一九一四年にケルンで開催されたはじめての連盟展以降のことだった。

生活革命――便利で豊かな社会の国際化を目指して

産業経済の構造改革、もの作りに携わる個人と組織の意識改革によって成長・発展期に入ったプロダクトデザインは、どうしても克服せねばならない別の問題に直面する。それは、製品を受容・消費する側の生活革命である。

二〇世紀前半、ほぼ足並をそろえて工業化社会を迎えた欧米先進国では、電気、ガス、上下水道、電信・電話など、ライフラインの充実が一般家庭のレベルまで及ぼうとしていた。さまざまの交通機関が陸海空を行き交い、それらのターミナル、超高層のビルディングや四角いアパートメントハウス、夜通し輝くイルミネーションが都市風景を一新する。郊外には田園都市が拓かれた。百貨店、映画館、カフェ、遊園地、娯楽性を増した博覧会、スポーツ、ツーリズムなどが人気を博し、衣食住のみならず余暇生活においても、人々はモダンライフのある局面、すなわち大量の新しいモノがもたらすステレオタイプな豊かさを肌で感じるようになった。公衆衛生、公共住宅、学校教育、女性の社会進出に目覚ましい進歩が見られたのも、兵器の開発で戦争が拡大・深刻化したのも、けっして無関係な出来事ではない。

だが、目新しくデザイン的に優れているから、安くて便利だから、世の中にふんだんに出回っているから、という単純な動機にもとづく消費行動は、もはやモダニティという流行を追う行為にすぎなくなった。

社会的なインフラストラクチャーの完全整備、質の高い製品の安定供給が大前提だとしても、すべての受容者が同じモノを自身の日常にフィードバックすること、そのプラス効果を等価に享受・共有すること、それによって均質でボーダーレスな社会を形成することが、モダニズムの使命にほかならないからだ。換言するならば、産業革命に由来するもの作りの最終目標は、世界の思想文化をフォーマルな機能主義デザインに委ねることだったのである。

よって、第一次世界大戦が始まる直前の一九一〇年代を起点に、ポスト工業化がささやかれるようになった一九六〇年代末までの長い間、あらゆる個人の生き方をひとつの方向、おしなべて高い水準へ導き、その総体としての「生活革命」に貢献したモノこそが、近代を代表する正真正銘のデザイン・プロダクトと考えてよいだろう。

一方、ベーレンス以後の作り手に課せられた真の役割とは、人と人、人とモノ、モノとモノの創造的な関係性を完結する最後の「環」、つまりフィードバックの「鍵」を、できるだけわかりやすく、広くあまねく示すことにあったといえる。これほど高いハードルを、もっともドラスティックな方法で完全にクリアしたのは、もちろんドイツだった。たとえば、いっさいの装飾と無駄をそぎ落としたヘルマン・グレッチュの食器セット(図四)は、人間の生存にかかわる食という営為を、機能主義デザインとインターナショナリズムで貫いており、一種の戦慄さえ感じさせる。時代、場所、ユーザーを問わないフォルムは、発売当初から今日まで、ほとんど変わっていない。使い勝手、耐久性、価格はもちろん、アイテムの補充、衛生管理などについても、デザイナーとメーカーの配慮は完璧である。

地域に固有な風土と文化、個人の深みにふれる生活の根源的テーマさえも、非の打ちどころがない製品と同じ次元で客体化し、それを平易なデザイン言語によって、ユーザーにすり込む——このアイデアが「良き

ヘルマン・グレッチュ
1895-1950
Gretsch, Hermann

規範」として認められるまで、多くの論議と紆余曲折があった。そのうえで、厳しい取捨選択と決断が行なわれていく経緯は、DWBとバウハウスの歩みが証言するとおりだ。

コール、ドレッサー、モリスをめぐる構図は、ムテジウス、ベーレンス、ヴァン・デ・ヴェルデの関係に投影され、いっそう生活革命の核心にふれる解答が導かれた。まずムテジウスは、規格化、量産化、標準化というキーワードによって、製品のデザイン（モノ）、生産管理（もの作り）、それを擁する社会制度（人―モノの関係性）の理想を示した。この問いかけに対して、モノに即し、もの作りに照らして応えたのがベーレンスである。美的生活の熱烈な賛美者から「ベーレンス以後」のデザイン教育に転じたヴァン・デ・ヴェルデは、新しい「人―モノ」の関係性を育む立場にありながら、アーツ・アンド・クラフツの新展開とドイツ合理主義を建設的に結ぶことができず、ヴァイマール美術工芸学校を辞する。

同じことがバウハウスにもあてはまる。ヴァン・デ・ヴェルデの後任グロピウスが、予備（基礎）教育、工房教育、建築教育に立脚する総合的なデザイン教育を説く。デッサウ時代（一九二五〜三二）になると、ブロイヤー、モホリ＝ナギ、マイヤー、ミースらの尽力で、「ベーレンス以後」のクラフツマンシップを模索する工房制作が外に開かれ、産業・経済界と接点を持つようになる。産学連携に傾斜していった学校を去ったのは、ヴァイマール時代にヨハネス・イッテン、デッサウでグロピウス、ブロイヤー、モホリ＝ナギ、マイヤーである。だが、造形表現による感性の解放、生活の芸術化を志向しながら、神秘主義に傾倒した異才アーティストのイッテンと、機能主義デザインを社会の中で実践するべく、自身の仕事に専念することを決意した建築家のグロピウス、マイヤー、デザイナーのブロイヤー、モホリ＝ナギを同列で語ることはできない。とくにマイヤーは、デザインを純粋な社会科学として位置づけたがために、その政治的な影響も大きかった。よって、意識としてはムテジウスに近い。

長さ四メートルの金属パイプで二つの円弧を作り、そのテンション、物質感を消した背と座で構成される「MR10」（図五）は、コール〜ムテジウス〜グロピウス〜マイヤーのガイドラインに基づき、ドレッサー

ヨハネス・イッテン
1888-1967
Itten, Johannes

4: ヘルマン・グレッチュ「アルツベルク 1382」1931　所蔵：宇都宮美術館
ディナーセットとコーヒーセット、磁器、アルツベルク社、ドイツ

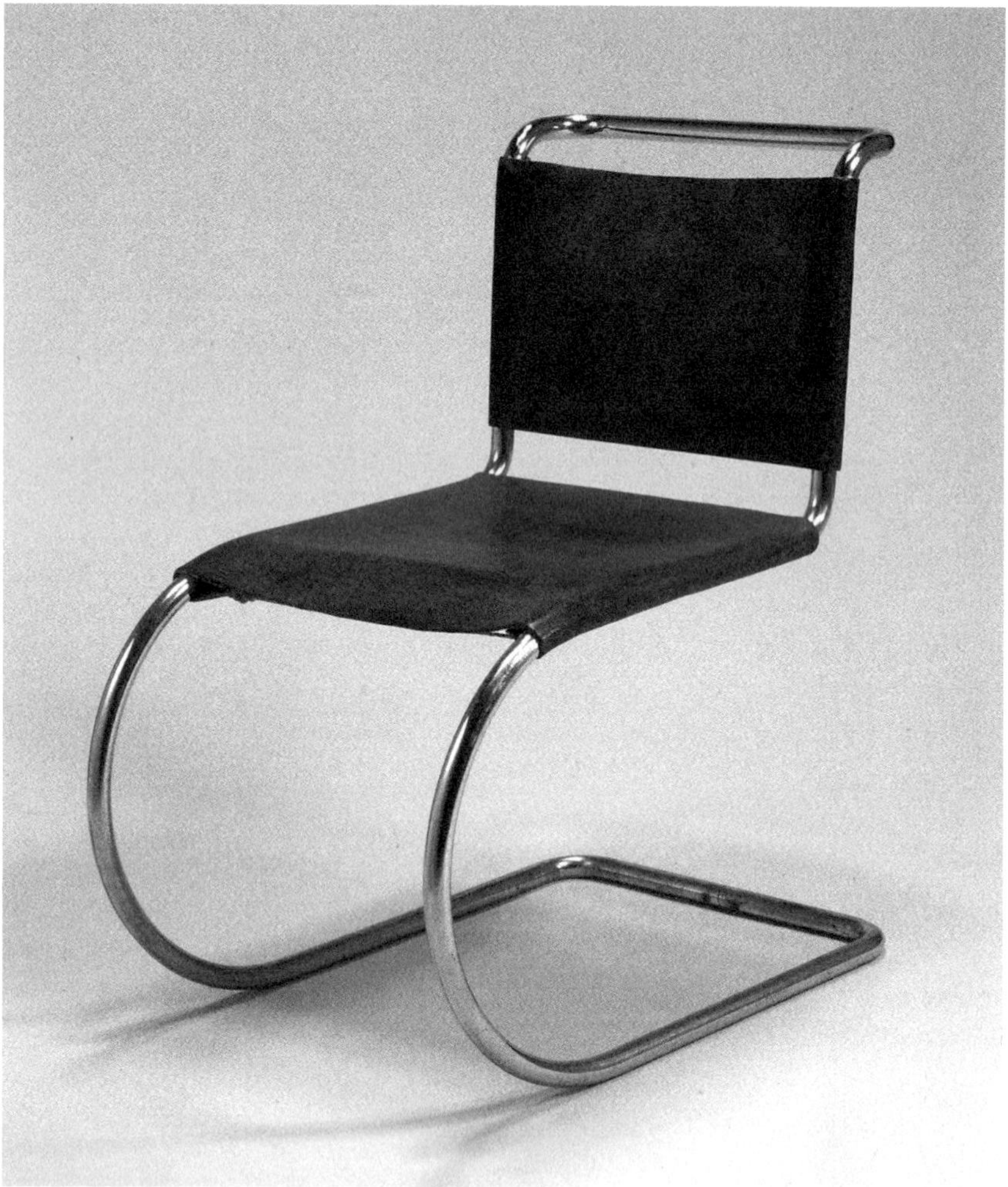

5: ミース・ファン・デル・ローエ「MR10」(チェア) 1931 (原型発表 1927)　所蔵: 宇都宮美術館
スティールパイプ、クロームメッキ、鉄製だぼ・ねじ、牛革、紡績紐
H790 × W470 × D720ミリ　製作: バンベルク金属工房、ドイツ

〜ベーレンス〜ミースのプロデュースで達成された改革の頂点に立つ製品といえる。この椅子を前にするとき、たしかにカンティレヴァー構造が作り出す端正なかたち——アートとテクノロジーの結婚によって生まれた「モダニズムの理想美」に心打たれる。しかし、それ以上に、究極の構造が秘める「人(使い手)—モノ(物質生活)—思想(精神生活)」の完全同化について、もっと真剣に考える必要があるだろう。

同時代のロシアやオランダでは、強烈な理念の提案が生産・消費活動を圧倒した。多数の人間が共同生活を営む場において、新しいプロダクトデザインの試案、試作、試供が公然と進められ、それによってモダニズムの精神が社会に還元された実例は、バウハウスを別にするとそれほどあるわけではないのだ。そうした状況で、工業化時代にあってこそ「手で考える」機能主義デザインを追求したヘリット・トーマス・リートフェルトが、ドイツとは別種のユニヴァーサル・スタンダードを提案する。

一三本の角材、二枚の肘木、大きな背板と座板を組み合せた「赤と青の椅子」(図六)は、ミースの金属パイプ椅子と同じく、プロダクトデザイン史上の不朽の名作である。だが、基本原色とモノクローム、水平・垂直のエレメントによる特徴的なフォルムがゆえに、逆にアヴァンギャルドの文脈に組み込まれて、そのユニークな本質が大きな誤解を呼ぶ。なぜならばリートフェルトが主眼としたのは、手作りによるモデュール家具の量産という画期的なアイデアだったからだ。

ここに見る規格化、量産化、標準化は厳密なものではなく、ユーザーの置かれた環境や好みに合わせて、クラフツマンにしてデザイナーのリートフェルトが自由自在に改変していくスタイルだ。一見したところ精度が低く、非合理主義的なローテクノロジーに思われがちだが、DWB、バウハウス、そして社会主義、建築世界のストイックな追求では不可能な方法——フィードバックの「鍵」を、作り手と使い手の身体を介したコミュニケーション、ゆるやかで永続的な協働に求めている。それは、モノ、もの作り、社会制度を「上から」あるいは「下から」徹底的に解体し、再構築を断行する性質のものではない。

全体主義がそぐわない土壌のフランスやアメリカの場合、都会的なモダンスタイルの高級ブランド化、な

ヘリット・トーマス・リートフェルト
1888-1964
Rietveld, Gerrit Thomas

6: ヘリット・トーマス・リートフェルト「赤と青の椅子」(アームチェア)、1935(原型発表1918)
所蔵: 宇都宮美術館
木(ブナ)、ペンキ、木釘、金釘　H868×W659×D820ミリ
製作: ヘラルト・A・ファン・デ・フルーネカン、リートフェルト家具工房、オランダ

らびに通俗的な日常化が同時に浸透していく。物質的な豊かさの敷衍という意味でのモダニズム受容である。

逆に、リートフェルトに並ぶ特異な提案としては、ル・コルビュジエの規範・量産住宅プロジェクト「シトロアン住宅」(一九二〇)、バックミンスター・フラーのプレハブ／モバイル住宅プロジェクト「4Dハウス／ダイマクシオン」(一九二七)をあげられるが、どちらも市場性のあるデザイン・プロダクトではない。当時の生活者にとっては、ウォルター・ドーウィン・ティーグ・シニアのカメラ(図七)のほうがよほど身近で、表面的だがモダニティを実感できる生活のツールだった。

流線型デザインの刹那的な流行を別にすると、アメリカでもっとも生活革命に貢献したのは、世界でも類例のないモダンミュージアムの開館だろう。オープニングこそ後期印象派の大回顧展だったが、同時代のプロダクトデザインの紹介、評価、収蔵に注がれたニューヨーク近代美術館(開館一九二九)のエネルギーは、シュラムボームなどのデザイナーによる戦時下の製品開発(図八)をサポートし、これより派生した戦後の有機的デザイン(オーガニックデザイン)、バウハウスに繋がる緻密でハードなスタイルの普及にも寄与した。

DIA(イギリス・デザイン産業協会)の発足でアーツ・アンド・クラフツの新展開が見られたイギリス、スイス、イタリア、北欧各国などは、結局のところ機能主義デザインの健全かつヴァナキュラーな帰結にいたる。イタリアのオフィス機器メーカー、オリヴェッティ社のような戦前の先行事例に導かれ、品格ある柔らかいインテリア、木製・プラスティック製のシンプルな家具、手のぬくもりが感じられる家庭用品、人にやさしい工業製品が一九五〇〜六〇年代に花開く。

日本での展開——椅子と家電が導いたモダンデザイン

世界の近代デザイン史に見るわが国のプロダクトデザインの歩みは、製品のフォルムや素材、生産技術の変遷にまして、象徴としてのモノが、近代国家の確立と国民精神の改革にひときわ寄与したケースとして特筆すべきだろう。

バックミンスター・フラー
1895-1983
Fuller, Buckminster

ウォルター・ドーウィン・ティーグ・シニア
1883-1960
Teague, Walter Dorwin Senior

ピーター・シュラムボーム
1896—1962
Schlumbohm, Peter

7: ウォルター・ドーウィン・ティーグ・シニア「コダック・バンタム・スペシャル」(カメラ) 1934
所蔵: 宇都宮美術館
スティール、エナメル塗装、一部クロームメッキ、ガラス
H76×W127×D102ミリ、イーストマン・コダック社、アメリカ

明治期に文明開化、大正・戦前昭和期にモダニズムの洗礼を受け、生産・教育システム、ライフスタイルの急速な近代化を実現できたのは、新しい時代に必需の新しい国産品——プロダクトデザインに負うところが大きい。その一方で日本は、古代から江戸時代までの間、西洋とは異なる美意識とテクノロジーに基づく建築、工芸、美術を調和的に融合させながら(西洋近代の視点からすると、三つの領域が未分化な状態であり、ウィーン分離派が目指した「綜合芸術」に近い)、高度に洗練されたもの作りを育んできた。それを意識的、無意識的に絶やすことなく、イギリスのアーツ・アンド・クラフツ、ドイツの合理主義、美術ではおもにフランス、そして第二次世界大戦後、経済復興を経て高度成長が終息する一九六〇年代末までは、芸術文化のみならず、あらゆる分野でアメリカを手本に、潜在的に和魂洋才、和洋折衷の物質文化を展開させたのだ。

この流れを代表するモノとしてあげられるのが、一九二〇〜三〇年代の量産家具、戦後の工業製品(主として家電と自動車)である。造形性や品質という点では、陶磁・ガラス・金属器、テキスタイル製品も評価に値するが、生活者に対する影響、象徴性という意味での説得力に欠け、手工芸的な美術工芸品だったことも否めない。

とくに「椅子」の場合、居留地、大使館、ホテルなど、必然的に洋風インテリアを必要とする場から、官公庁、学校、病院、軍隊、駅、郵便局、銀行、オフィス、百貨店ほか、そもそも欧化によってもたらされ、近代に由来する公共空間に広まる。これを一般大衆まで普及させようという政府主導のキャンペーンが、椅子式生活を「真・善・美」として推進した生活改善運動(生活改善同盟の発足は一九二〇年)であり、個人の住生活のみならず、家族のあり方、社会制度の改革も目指した。

デザイナー主体の動きでは、人間工学を念頭に置いたプロダクトデザインの開発研究、製品化、発表・啓蒙活動、販売まで行なった型而工房(一九二八年結成)の試作家具、官民の産業工芸家、教育・研究者が一丸となって、工芸品の美化(プロダクトデザインの品質向上)を謳った帝国工芸会(一九二六年設立)の活動があげられる。なお、この時点では、「プロダクトデザイン」や「インダストリアルデザイナー」という言葉のなじ

8: ピーター・シュラムボーム「ケメックス」(コーヒーメーカー) 1980 (原型発表 1941)
所蔵：宇都宮美術館
ホウケイ酸ガラス(パイレックス)、木、革紐
H244 × φ158 (最大 W168) ミリ、ケメックス社、アメリカ

みは薄く、むしろ「工芸(家)」、時には「産業工芸(家)」が用いられたが、それらに本稿の冒頭で記した「アートとテクノロジーの所産としてのデザイン」の意味合いが含まれていることはいうまでもない。

あきらかにドイツのDWB、バウハウスを意識しながら、産業経済、創造者、生活の革命を実践していった戦前の活動は、東京高等工芸学校(一九二一年設置)を中心に、実務レベルでの人的交流が盛んだった。その結実が、国井喜太郎(帝国工芸会)を初代所長に迎え、豊口克平(型而工房)、西川友武や剣持勇(三人はともに高等工芸出身)らが中心となった商工省工芸指導所(一九二八年発足)であり、いよいよ実用的な国産品――戦後に受け継がれるジャパニーズ・モダン・プロダクトの模索が組織的に始まる。散発的だが、黎明期にはドイツからブルーノ・タウト(一九三三年来所)、厳しい時局にもかかわらずフランスからシャルロット・ペリアン(一九四〇年来所)を指導者に迎え、戦後になるとグロピウスをはじめ、カイ・フランク、ラッセル・ライト、イサム・ノグチほか多くの人々が来訪した。

こうして生まれた成果品(図九・一〇)は、かならずしもミースが達成した非の打ちどころのない機能主義デザイン、あるいはリートフェルトに見る個性的なモダニズムの解釈の域にいたるものではない。洗練とアイデア感覚、大衆性では、同時代のフランスやアメリカの製品はもとより、伝統の手わざと華やかな進取の気風、パトロンと市場に支えられ関西に花開いた日本のアール・デコに及ばない。だが、規格化、量産化、標準化を主眼とするプロダクトデザインの真髄は、工芸指導所ではじめて本格的に追求されたといってよい。

その後、第二次世界大戦の勃発によって、生産現場と生活に直結する研究開発は寸断されてしまうが、終戦直後にGHQの要請でDH家具(図九の椅子もその一環)の製作を担ったのは、ほかならぬ工芸指導所だった。戦前に蓄積されたノウハウは、やがて剣持らの独立、松下電器産業ほかメーカーの意匠(デザイン)部(松下の設立は一九五一年)に活かされていく。

生活者がプロダクトデザインの日常的な消費に目覚めたのは、経済白書の注目すべき宣言「もはや戦後ではない」(一九五六)を受け、「三種の神器」(電気洗濯機、電気冷蔵庫、電気掃除機)が普及した一九五〇年

国井喜太郎
1883-1967
くにい・きたろう

豊口克平
1905-1991
とよぐち・かつへい

西川友武
1904-1974
にしかわ・ともたけ

剣持勇
1912-1971
けんもち・いさむ

ブルーノ・タウト
1880-1938
Taut, Bruno

シャルロット・ペリアン
1903-1999
Perriand, Charlotte

カイ・フランク
1911-1989
Franck, Kaj

ラッセル・ライト
1904-1976
Wright, Russel

イサム・ノグチ
1904-1988
Noguchi, Isamu

9: 西川友武「アルミアングル家具」(試作品)、1935
アルミニュウム、合板　製作: 工芸指導所　図版協力: 工芸財団

10: 剣持勇「木製アームチェア」(量産家具試作工程) 1946
木(ナラ)、合板、金釘　製作: 工芸指導所　図版協力: 工芸財団

代後半から、白黒テレビ（掃除機の代わりにテレビを入れて「三種」とする説もある）が全世帯の九〇パーセントに行きわたった東京オリンピック（一九六四）の頃だ。ここに象徴としての「椅子」は「家電」に取って代わられた。移行の背景に、わが国ならではの住宅事情（物理的に考えて、耐久消費財といえば圧倒的に家具よりも工業製品だった）、トランジスタラジオが物語る小ぶりの（手）工芸的もの作りの伝統や愛着が見え隠れすることも否めない。

戦後の日本で「理念の追求・スタイルの提案－モノの消費」が「デザインの供給と享受」に到達したのは、カラーテレビ、乗用車、ルームエアコン（「3C」または「新・三種の神器」とも呼ばれた）が緩やかに浸透した大阪万博（一九七〇）以降、もっといえば石油ショック（一九七三）を経験してからのことである。時あたかも、世界的に工業化社会の成熟、ひいては行き詰まりが囁かれ、ポップアートの影響やアンチデザイン（反デザイン）運動を伏線に、「ミース以後」の良きプロダクトデザインの解体、パロディ化－ポストモダンの台頭が現実となった。プロダクトデザインの近代は、ひとまずの終着点にいたる。

「人－モノ」の関係性はいかにあるべきか、モダニズムのプロダクトデザインが担う使命をきわめた「ミース以後」の製品は、その多くがスタイルの洗練と商業化に終始している。

一、人が何か（もっとも良いこと）を実現するために
二、（もっとも良い）モノを（できるだけたくさん）作る
三、（できるだけ多くの知らない）人が（もっとも良い）モノを使うことによって、さらに何か（もっとも良いこと）が起こる

括弧内に記したモダンデザインの指針が、まったく別の表現に置き換えられてもなお、我々の生活を充たすあらゆるモノ、社会にあふれるすべてのモノが「より良いデザイン（グッドデザイン）」プロダクトとして成立する時、本当の意味で「ミース以後」が拓かれる。

第七章　建築

田中純

建築のモダニズムは、合理性や機能性を追求するデザインとして二〇世紀前半に誕生・発展し、第二次世界大戦後に広く普及した。だが、それが画一化したかたちで世界的に広まったために、一九六〇年代にはすでに激しい批判にさらされている。そして、このモダニズム批判の中から生まれたポストモダニズムを経て、現在では、デザイン思想としての価値が再評価されつつある。

本章では、モダニズム建築の思想形成期に重点を置き、その歴史的な発展過程をたどることとしたい。

アール・ヌーヴォーに始まる

建築におけるモダンデザインの思想は、一九世紀末から二〇世紀初頭にかけてのヨーロッパで流行した様式、アール・ヌーヴォー（フランス語で「新しい芸術」の意味）の中で育まれた。なぜなら、この様式は、それまでの一九世紀を支配していた、過去の古典様式やバロック様式を恣意的に用いる歴史主義とは異なり、植物の形態などの自然に着想を得た新しい造形をもたらそうとするものだったからである。歴史的様式の単なる適用ではなく、「デザイナー」としての建築家による個性的な創造が、このようにして建築に導入された。アール・ヌーヴォーは同時に、鉄やガラスといった新素材による造形の可能性も開拓した。その精神的な源はイギリスのウイリアム・モリスらを中心としたアーツ・アンド・クラフツ運動に求めることができる。「アール・ヌーヴォー」の名は、画商サミュエル・ビングがパリに開いた店の名に由来する。その内装はべ

ウイリアム・モリス
1834-1896
Morris, William

ルギー出身のアンリ・ヴァン・デ・ヴェルデが担当した。一般にアール・ヌーヴォーの特徴とされる、うねるように優美な曲線・曲面を多用したデザインは、同じベルギーのヴィクトール・オルタがブリュッセルに建てた一連の都市住宅（一八九八年建造のオルタの自邸など）や、エクトール・ギマールによるパリ地下鉄駅のデザイン（一八九八〜一九〇四）を代表とする。

アール・ヌーヴォーの様式的な表われは地域や建築家によって非常に多様である。スペインのバルセロナにおけるアントニオ・ガウディの住宅建築（一八八九年建造のグエル邸など）やサグラダ・ファミリア教会（一八八二〜建造中）では、構造上の実験が試みられるとともに、個々の要素があたかも融解しつつあるかのような、奇怪で独創的な形態がデザインされている。ハンガリーのレヒネル・エデンをはじめとして、他のヨーロッパ諸国やロシア、日本においても、アール・ヌーヴォーの独自な展開がもたらされた。

アール・ヌーヴォーには、新興工業都市における、新しい富裕層である資産家たちの自己表現という一面があった。スコットランドのグラスゴーにおけるチャールズ・レニー・マッキントッシュの活動（一九〇三年建造のヒル・ハウスなど）もそのひとつである。のちのアール・デコを先取りするような家具デザインをはじめとして、独自な世界を作り上げたマッキントッシュの作品は、一九〇〇年のウィーン分離派展で高く評価され、本国よりもむしろヨーロッパ大陸で大きな影響を与えた。

モダニズムの黎明期

このウィーン分離派は、画家グスタフ・クリムトを会長に建築家ヨーゼフ・ホフマン、ヨーゼフ・マリア・オルブリヒらによって、一八九七年に結成された団体である。建築におけるモダニズムの早い段階における自覚は、ホフマン、オルブリヒの師であるオットー・ヴァーグナーの著書『近代建築』（一八九五）の中に認められる。オーストリア帝国の首都ウィーンを代表する建築家であったヴァーグナーはそこで、建築の内的構造に対応した外観を求める努力を建築家に要求し、構造に気に入りの外観モチーフを当てはめるようなデ

アンリ・ヴァン・デ・ヴェルデ
1863-1957
Velde, Henry van de

ヴィクトール・オルタ
1861-1947
Horta, Victor

エクトール・ギマール
1867-1942
Guimard, Hector

アントニオ・ガウディ
1852-1926
Gaudi, Antonio

レヒネル・エデン
1845-1914
Ödön, Lechner

チャールズ・レニー・マッキントッシュ
1868-1928
Mackintosh, Charles Rennie

グスタフ・クリムト
1862-1918
Klimt, Gustav

ヨーゼフ・ホフマン
1870-1956
Hoffmann, Josef

ヨーゼフ・マリア・オルブリヒ
1867-1908
Olbrich, joseph Maria

オットー・ヴァーグナー
1841-1918
Wagner, Otto

ザインを批判した。この著書は歴史主義の信奉者たちから激しい攻撃を受け、ヴァーグナーが分離派に加入したことで、非難はさらに強まった。彼はこれ以降、「近代派」とその敵との闘争について繰り返し言及している。

ヴァーグナーの代表作であるシュタインホーフ教会（一九〇七）やウィーン郵便貯金局（一九一二）では、表面の石板を固定するボルトが一種の装飾として機能し、すなわち、装飾的要素が構造的に意味づけられている。ここから、ホフマンらと同世代であるウィーンの建築家アドルフ・ロースによる、ロース・ハウス（一九一〇）をはじめとする装飾を排除した建築まではほんの一歩である。ロースは「装飾と犯罪」などの論考で現代生活における装飾不要論を展開し、モダニズムにおける装飾否定の流れを基礎づけた。

ヴァーグナーは構造と形態との対応を求める一方で、単なる技術的構造の実現ではなく、芸術家としての建築家による建築形態の表現を唱えた。つまり、技術的構造を理解したデザイナーとしての建築家像の提唱である。それによってヴァーグナーが対峙しようとしたのは、重要な建築計画の多くが技術者の手に委ねられてゆくような時代状況であった。歴史様式の適用が難しい工場建築の分野はとりわけその傾向が強かった。

鉄筋コンクリートの利用やコンクリート柱梁構造の露出など、新しい素材と構造をまず積極的に取り込んだのは、アメリカの工場建築であり、その即物的な表現が、ヨーロッパの先進的な建築家たちに影響を与えてゆく。一方、ヨーロッパでは、アール・ヌーヴォー的な作風から出発したペーター・ベーレンスによるベルリンのＡＥＧタービン工場（一九〇九）が、鉄骨アーチの構造的形状を外観に露呈させつつ、全体としては古典的な秩序を表現した点で、工場建築におけるモダンデザインの先駆となった。計画案集『工業都市』（一九一七）を著わしたフランスのトニー・ガルニエが一九〇八年以降リヨンに建造した屠殺場も、同様に際だって機能的で簡素な構成を特徴としている。

建築のモダニズム形成過程に対するアメリカ建築の寄与という点では、一九世紀末のシカゴやニューヨークで、大都市のグリッド構造と経済的合理性追求を背景として生まれた高層ビル群をあげなければならない。

アドルフ・ロース
1870-1933
Loos, Adolf

ペーター・ベーレンス
1868-1940
Behrens, Peter

トニー・ガルニエ
1869-1948
Garnier, Tony

カーソン・ピリー・スコット百貨店（一八九九）などを設計した、シカゴ派を代表する建築家ルイス・H・サリヴァンは、「形態は機能に従う」という言葉を残したことで知られている。

巨匠フランク・ロイド・ライトはサリヴァンの弟子である。彼は大都市ではなく、その郊外に、シカゴのロビー邸（一九〇九）など、のちに「プレイリー・ハウス」と呼ばれることになる、流動性のある連続的空間と深い庇、横方向に延び拡がる壁によって水平性が強調されたデザインを特徴とする個人住宅を数多く建造した。一九一〇年にベルリンで開かれたライトの展覧会や作品集の出版は、その開放的な空間構成によって、ヨーロッパの建築家たちに衝撃を与えている。

アヴァンギャルド芸術からバウハウスへ（一）

一九一〇年代から第一次世界大戦をはさんで一九二〇年代初頭までは、芸術の各分野でさまざまな前衛運動が展開された時期であった。造形芸術のアヴァンギャルド運動の多くは最終目標として建築を志向し、相互に関連し合いながら、建築のモダニズムに流れ込むことになる形態言語と手法を準備した。

一九〇九年の宣言から開始されたイタリア未来派は、都市やテクノロジーの激しいダイナミズムを芸術表現に取り込もうとした。アントニオ・サンテリアの手になる未来都市のドローイング「新都市」（一九一四）は、巨大な機械に似た建築物を、ウィーン分離派に通じるタッチで描き出している。そのヴィジョンはのちのイタリア合理主義建築に受け継がれてゆく。

ロシア革命前後におけるアヴァンギャルド運動では、形態言語を純粋化し、白地の上の黒い正方形あるいは白い正方形だけの絵画にいたったカジミール・マレーヴィチが、「アルキテクトン」（一九二三）と称する建築的な三次元構成を残している。彼の弟子であるエル・リシツキーの「プロウン」も、絵画と建築の中間的産物と位置づけられていた。同時期のロシア構成主義からは、螺旋によって革命のダイナミズムを象徴した、ウラジミール・タトリンの第三インターナショナル記念碑案（一九二〇）が生まれている。

ルイス・H・サリヴァン
1856-1924
Sullivan, Louis H.

フランク・ロイド・ライト
1867-1959
Wright, Frank Lloyd

アントニオ・サンテリア
1888-1916
Sant'Elia, Antonio

カジミール・マレーヴィチ
1878-1935
Malevich, Kasimir

エル・リシツキー
1890-1941
Lissitzky, El

ウラジミール・タトリン
1885-1953
Tatlin, Vladimir

オランダでは一九一七年に雑誌『デ・ステイル(様式)』が創刊され、画家ピート・モンドリアンとテオ・ファン・ドゥースブルフを中心とする抽象表現の一派が活動を始めている。彼らは、四角形と原色のみで構成された造形のヴァリエーションを探究した。建築物としては、大小の壁材を、閉じた空間を作らないように巧みに関係づけた、ヘリット・トーマス・リートフェルトによるシュレーダー邸(一九二五)が代表的な作品である。

一方、ドイツでは、一九一八年の敗戦を契機として、「芸術労働評議会」や「一一月グループ」といった芸術家集団が次々と結成された。これは芸術による社会変革を求めた運動だった。前者はヴァルター・グロピウスやブルーノ・タウトといった建築家が先導しており、建築のもとにおける諸芸術の結集を唱えていた。

この当時のドイツの建築デザインには表現主義の名が与えられている。そこに属する多くの建築家たちは、建築形態の変化が直ちに社会革命に繋がると考えた。そのユートピア思想のもとでは、たとえばガラスという素材に神秘的な重要性が付与された。この傾向を代表するのがタウトである。彼はすでに一九一四年のドイツ工作連盟展で、色彩ガラスが多用されたガラスのパヴィリオンを建てている。タウトは一九一九年にグロピウスらと建築家・芸術家集団「ガラスの鎖」を結成し、水晶のような建造物が地上を埋め尽くす「アルプス建築」をはじめとした、幻想的な建築ドローイングを数多く残している。

こうした表現主義的な傾向は、一九一九年にグロピウスを初代校長として、ドイツのヴァイマールに設立された芸術学校、バウハウスの初期の活動にも顕著である。その設立宣言でグロピウスは、「すべての造形芸術の最終目標は建築である」と述べ、中世の建築職人たちの手工作やギルドの共同体思想を理想化している。教育課程の中心人物であった芸術家ヨハネス・イッテンの指導も、個人の想像力を自由に表現することを追求したものだった。

ドイツ表現主義を代表する建築物が、鍾乳洞のような内部空間を実現した、ハンス・ペルツィヒによるベルリン大劇場(一九一九)や、ポツダムに建てられた、うねるような三次元曲面で覆われたエーリッヒ・メン

ピート・モンドリアン
1872-1944
Mondorian, Piet

テオ・ファン・ドゥースブルフ
1883-1931
Doesburg, Theo van

ヘリット・トーマス・リートフェルト
1888-1964
Rietveld, Gerrit Thomas

ヴァルター・グロピウス
1883-1969
Gropius, Walter

ブルーノ・タウト
1880-1938
Taut, Bruno

ヨハネス・イッテン
1888-1967
Itten, Johannes

ハンス・ペルツィヒ
1869-1936
Poelzig, Hans

エーリッヒ・メンデルゾーン
1887-1953
Mendelsohn, Erich

デルゾーンのアインシュタイン塔(一九二一)である。メンデルゾーンはやがて一九二〇年代後半に、より滑らかな曲面を使った洗練された造形によって、大都市の商業建築やオフィスビルの分野で活躍することになる。

アヴァンギャルド芸術からバウハウスへ(二)

そもそもアヴァンギャルド芸術は大都市に生まれ、そこをみずからの芸術表現の実験の場とした。造形芸術の分野ではとりわけ、スイスのチューリッヒやドイツのベルリンに生まれたダダに代表される破壊的アヴァンギャルドから、デ・ステイルや構成主義が代表する建設的アヴァンギャルドにいたるまで、こうした前衛芸術運動は大都市の混乱とそこに与えられるべき秩序をめぐって展開されていた。そして、この二傾向を一体化した芸術家たちの活動が、未来派や表現主義の主観的な表現を脱却した、建築のモダニズム確立に結びついてゆく。

モンタージュを特徴的な手法とした破壊的傾向のアヴァンギャルドと、抽象表現を中心にした建設的アヴァンギャルドは、リシツキーやドゥースブルフ、あるいは廃物を使った作品で知られるクルト・シュヴィッタースらを中心として一九二二年以降に急接近し、両派の芸術家たちは共同して活動した。そして、彼らの最終目標は建築や都市計画に置かれていた。

ちょうど同じ頃、バウハウスもまた、イッテンにかえてハンガリーの構成主義者ラースロー・モホリ=ナギを教員に迎え、表現主義期から構成主義的な造形の時代へと移行している。芸術家や建築家を教授陣にそろえたバウハウスは、アヴァンギャルド運動の成果を集積したうえで、建築をはじめとするデザインに利用可能なものへといわば「濾過」するフィルターの役目を果たした。

一九二三年の第一回バウハウス展では「芸術と技術——新しい統一」という理念が語られている。この展覧会に際して、ゲオルク・ムッへの設計により、グロピウスが指導して建てられた「模範住宅」では、既製の工

クルト・シュヴィッタース
1887-1948
Schwitters, Kurt

ラースロー・モホリ=ナギ
1895-1946
Moholy-Nagy, László

ゲオルク・ムッへ
1895-1987
Muche, Georg

業製品が活用されている。バウハウスの使命はここで、初期のロマン主義的理念から、工業生産に合わせた芸術的手工作品の規格化・類型化へと変化した。建築の規格化においてグロピウスは、幾何学的な要素的形態の構成を試みた。当時のバウハウスを支配したのは、こうした構成主義的なエレメンタリズムだった。その成果が、バウハウスが一九二五年にデッサウへ移転するのにともなってグロピウスが建てたバウハウス校舎と教師用住宅、およびテルテンの集合住宅（一九二八）である。

二人の巨匠（二）——ル・コルビュジエ

グロピウスと並んで一九二〇年代のヨーロッパ建築界を先導した巨匠がル・コルビュジエとルートヴィッヒ・ミース・ファン・デル・ローエである。

スイス生まれのル・コルビュジエ（本名シャルル＝エドゥアール・ジャンヌレ）は、ベーレンスの事務所などで短期間働いたほかは、ほとんど独学で建築を修めた。画家としては、キュビスムを乗り越えるピュリスム（純粋主義）を唱え、一九二〇年に画家アメデ・オザンファンと創刊した雑誌『エスプリ・ヌーヴォー（新精神）』誌上で、各分野にまたがる旺盛な評論活動を展開している。そこに寄稿された論考をまとめた著書『建築をめざして』（一九二三）は、「住宅は住むための機械である」といった主張によって、モダニズムの鮮明な宣言となり、広く読まれた。この場合の機械とは、諸要素の秩序立った関係性の隠喩である。それゆえ、アテネのパルテノン神殿もまたひとつの「機械」と見なされた。

この時期のル・コルビュジエの建築は、一九一四年に着想を得た「ドミノ・システム」からの展開と見ることができる。これは層をなす床とそれを支える柱および階段のみからなる、大量生産が可能な、鉄筋コンクリートによる構造形式の原型である。一九二六年にル・コルビュジエは自分の建築の原理をまとめ、「新建築の五原則」を発表している。これは、①建物全体を地上から持ち上げるピロティ、②ドミノ・システムにより床を支えることから壁が解放された結果としての自由な平面構成、③同様にもたらされた自由なファ

ル・コルビュジエ
1887-1965
Le Corbusier

ルートヴィッヒ・ミース・ファン・デル・ローエ
1886-1969
Rohe, Ludwig Mies van der

アメデ・オザンファン
1886-1966
Ozenfant, Amédée

ル・コルビュジエ「サヴォワ邸」、ポワシー、1931　撮影：Philippe Ruault

サード、④横長の水平窓、⑤建物が占める地上の面積を回復する屋上庭園、というものである。

これらの原則を適用した実作としては、ガルシェのシュタイン邸(一九二七)、ポワシーのサヴォワ邸(一九三一)がある。とりわけサヴォワ邸は、ピロティ上に掲げられた白亜のコンパクトな構造体が一体化した完璧さを印象づける一方で、折れ曲がった斜路が作る動線に沿って屋上にいたる過程が驚きに満ちた空間経験を与える、コルビュジエ初期の傑作である。

コルビュジエは都市計画においても明快な秩序原理を提唱した。一九二二年の「三〇〇万人のための現代都市」は、整然とした平面構成を持つ理想都市の計画である。中心部に十字形平面の高層オフィスビル二四棟を配置し、それを広大な公園緑地を持つ低層の住居棟が取り囲んでいる。パリの改造のために構想された一九二五年のヴォアザン計画では、十字形平面の高層ビルがセーヌ川沿いに林立し、残りの部分は緑地化されている。

一九二七年にコルビュジエはジュネーヴの国際連盟本部設計競技で大型公共建築の計画に乗り出している。事務局と会議場を含むこの建築複合体を構想するにあたって、コルビュジエは構成要素をまず決定し、それらの要素を操作して配置するという方法をとった。この計画案は一等を獲得したものの、最終段階で審査委員会に拒否されて実現しなかった。

こうした経験もあって、コルビュジエは一九二八年に、美術史家ジークフリート・ギーディオンとともに近代建築国際会議(CIAM)を主宰している。ここで採択されたラ・サラ宣言は、新時代に即した建築活動の必要を説き、建築の標準化と合理化による経済性の追求などを目標に掲げた。以後、第二次世界大戦をはさんで世界各地で一〇回開かれた会議は、建築におけるモダニズム推進の大きな原動力となった。一九三〇年代のコルビュジエは実作以上に、こうした場における都市計画の提言で活躍した。都市機能を「住居」「余暇」「労働」「交通」に分けて捉えることを唱った、一九三三年の第四回会議におけるアテネ憲章もそのひとつである。

ジークフリート・ギーディオン
1888-1968
Giedion, Sigfried

二人の巨匠(二)——ミース・ファン・デル・ローエ

石工の父のもとに生まれたミース・ファン・デル・ローエも、コルビュジエと同じくベーレンスの事務所で働いている。ミースがモダニズムの建築家として頭角を現わすのは第一次世界大戦後からであり、とくに一九二一〜二二年のベルリン、フリードリッヒ・シュトラーセの高層ビル設計競技に応募された計画案によってだった。炭と鉛筆で描かれた地上からの透視図は、頂点を天にむけて突き刺す氷山であるかのように見え、その点で同時代のタウトらの表現主義との関係をうかがわせる。事実、ミースはタウトの雑誌にも寄稿している。しかし、こうしたイメージは、波を打った巨大な横長の壁のような立面図によって見事に裏切られる。自作解説の中でミース自身、鉄骨構造とガラスという素材が与える課題の論理的な解決として、この高層ビル案が造形されていることを強調している。同時期のもうひとつのガラスの高層ビル計画案では、水溜まりのような断面を持つ全面ガラス張りの建物が、単調な層構造を透かし見せている。このようなデザインもまた、構造を見せるガラスの「透明性」と、反射光の戯れを特殊な効果としてもたらす「反射性」の両面を素材の可能性として追求した結果である。

一九二〇年代初頭のミースの計画案はいずれもこのように、オフィスビルないし田園住宅における、素材別の解の分析というアプローチをとっている。煉瓦を使った計画案では、ライトからの影響を思わせる、閉ざされることのない開放的空間構成を持った田園住宅が構想されている。同時期の鉄筋コンクリートのオフィスビル案や鉄筋コンクリートの田園住宅案も、素材から出発した即物的なアプローチである。これが意味するのはラジカルな反フォルマリズムだった。この点でミースは表現主義よりも、破壊的なダダに近く、実際、ダダイストや構成主義者たちと共同で雑誌を刊行している。これらの初期計画案が実現されることはなかったが、ドローイングや模型写真、およびそれらのモンタージュは、衝撃的なイメージによって大きな影響を残した。

ミースは一九二七年にドイツのシュトゥットガルト郊外で開催されたドイツ工作連盟の住宅展「ヴァイセ

ミース・ファン・デル・ローエ「バルセロナ・パヴィリオン（内部）」1929（写真は1986年に復元されたもの）　写真提供：VOID+FORM　2002年撮影

ンホーフ・ジードルング」の全体計画を担当している。「ジードルング」とは「集合住宅」の意味である。それはベーレンスやコルビュジエといったヨーロッパ全土の建築家を招聘したモダニズム建築の見本市であり、ミースが行なったのはその配置計画だった。彼は陸屋根と白壁の採用という条件のみを課してデザインを依頼した。結果として、ジードルング全体は一種の様式的な統一と景観的な調和を感じさせるものとなった。そこはいわば、モダニズムのデザイン言語を宣伝する場となったのである。

ミースが決定的なかたちでモダニズム建築の代表者となるのは、一九二九年のスペイン、バルセロナ万国博覧会におけるドイツ館、通称「バルセロナ・パヴィリオン」においてである。実際のパヴィリオンは竣工ののち、一年足らずで解体されてしまった。にもかかわらず、つかの間しか存在しなかったこの仮設建築物は、残されたイメージを通じて、やがてモダニズム建築の偶像となり、一九八六年には同じ場所に復元がなされている。バルセロナ・パヴィリオンは、五枚の石壁、十字形の断面を持つクローム鍍金された八本の柱、五枚のガラス・スクリーン、大小二つの池、二枚の陸屋根、ほぼこれだけの単純で数少ない要素からなっている。にもかかわらず、柱や壁、ガラス、水面の反射の効果によって、その空間経験は非常に複雑、微妙で豊かである。一九三〇年にチェコスロヴァキアのブルノに建造されたトゥーゲントハット邸も、バルセロナ・パヴィリオンと同様の空間構成を住居に適用したものであり、この時期を代表する作品である。

インターナショナル・スタイルと各国の動向

このトゥーゲントハット邸を訪れたことで、ミースをモダニズムの代表的建築家として発見したのが、アメリカ人建築家フィリップ・ジョンソンであった。彼はニューヨーク近代美術館における近代建築国際展の準備をしていた。この展覧会は一九三二年に開かれ、特定の地域や場所に限定されることなく国際的にどこの土地にも適用できる、モダニズム的な様式の存在を示そうとした。その様式は「インターナショナル・スタイル」と呼ばれた。同じ時期にジョンソンと建築史家ヘンリー＝ラッセル・ヒッチコックの共著による同

フィリップ・ジョンソン
1906-2005
Johnson, Philip

名の書物が刊行されている。そこではインターナショナル・スタイルの三つの原理が、①ヴォリュームとしての建築、②明確な規則性、③装飾付加の忌避、とされている。これらの展覧会や書物でこの様式の代表者と見なされたのは、ル・コルビュジエ、グロピウス、ミース、ライトらであった。

注意しなければならないが、インターナショナル・スタイルはあくまでジョンソンらがこれらの建築家に共通する様式としてあとから作り上げた概念であり、ヨーロッパの建築家やライトなどはむしろ様式概念の適用を避けている。インターナショナル・スタイルは、ヨーロッパ起源ではあるが、アメリカで発展しつつあり、世界的に広まってゆくべきモダニズム建築のデザイン原理として、ジョンソンらによってあらたに整理され、展覧会や書物を通じて宣伝・普及されたのだと言ったほうがよい。アメリカにおいてその原理を体現していた建築とは、オーストリア出身のルドルフ・シンドラーによる「レーヴェル博士のためのビーチ・ハウス」（一九二六）や同じくオーストリアから来たリチャード・ノイトラの「レーヴェル博士のための健康住宅」（一九二七）であった。

一方、インターナショナル・スタイルを代表するひとりとされたライトは、代表作カウフマン邸、通称「落水荘」（一九三六）ではこの様式にやや接近を見せているものの、ジョンソン・ワックス社ビル（一九三八）などでは、有機的な自然の隠喩を駆使して、そこからはっきりと遠ざかっている。後者の傾向は、スパイラル状のギャラリーを構造の要にした、戦後のグッゲンハイム美術館（一九五九）のデザインに最終的な結実を見ることになる。

一九三三年にドイツではナチスが政権を掌握し、同じ年にバウハウスは閉校を余儀なくされ、やがてグロピウスやミースも活動の場を失ってアメリカに移住する。一方、イタリアのファシスト政権下では、ジュゼッペ・テラーニをはじめとする合理主義建築が国家主義的イデオロギーを表象する役割を担うことになった。この時期の国家権力とモダニズム建築とのかかわりは複雑である。

ソ連においては、一九二〇年代にヴェスニン兄弟のプラウダ本部計画案（一九二三）やイワン・レオニドフ

ルドルフ・シンドラー
1887-1953
Schindler, Rudolph

リチャード・ノイトラ
1892-1970
Neutra, Richard

ジュゼッペ・テラーニ
1904-1943
Terragni, Giuseppe

ヴェスニン兄弟
（レオニード、ヴィクトル、アレクサンドル）
アレクサンドルは
1883-1959
Vesnin, Alexander

イワン・レオニドフ
1902-1959
Leonidov, Ivan

フランク・ロイド・ライト「カウフマン邸(落水荘)」1936

のレーニン研究所案（一九二七）、あるいは、摩天楼の社会主義的翻訳として構想された、リシツキーによるT字形のビル案「雲のあぶみ」（一九二四）など、幾何学形態の構成による斬新な計画案が数多く生み出された。しかし、実際に建造されたものはコンスタンティン・メーリニコフによるモスクワのルサコフ運輸労働者クラブ（一九二七）など、ごくわずかである。そして、一九三二年にスターリンの指導のもと、文学・芸術団体改組の党決定が出されるに及んで、ロシア構成主義はもはや命脈を絶たれてゆく。

コンスタンティン・メーリニコフ
1890-1974
Mel'nikov Konstantin

第二次世界大戦後のモダニズム

一九三九年の第二次世界大戦開戦後は、戦時体制のもと、とくにヨーロッパではモダニズム建築の活動が全体として停滞した。そして戦後、かつてインターナショナル・スタイルと称されるような似た傾向を示していた建築家たちにも、作風の大きな変化が表われてくるようになった。

ル・コルビュジエは、マルセイユの集合住宅「ユニテ・ダビダシオン」（一九五二）で、戦前とは異なる打ち放しコンクリートの荒々しい表現を採用した。さらに、ロンシャンのノートル・ダム・デュ・オー巡礼礼拝堂（一九五四）では、全体が一体化した彫塑を思わせる有機的形態と、古代の洞窟に入り込んだかのような神秘的な内部空間の造形によって、それまでの建築デザインからの劇的な転換を示した。リヨン近郊に建てられたラ・トゥーレット修道院（一九六〇）では、閉じた箱型の形態と幾何学的な基本要素を用いながら、打ち放しコンクリートの禁欲的で暗い空間にスリット状の窓から差し込む外光が、独特な宗教空間を作り上げている。

アメリカにおけるミースは、広いスパンを持つ単層単一の内部空間への志向を強めてゆく。ファーンズワース邸（一九五〇）やイリノイ工科大学のクラウン・ホール（一九五二）がその例である。その空間はドイツ時代にあった流動性と複雑性を失い、建築は余分な要素をそぎ落とされた巨大な箱に近づいてゆく。シカゴのレイク・ショア・ドライブ860－880（一九五一）やニューヨークのシーグラムビル（一九五八）などを代

ル・コルビュジエ「ノートル・ダム・デュ・オー巡礼礼拝堂」1954　撮影: Philippe Ruault

ミース・ファン・デル・ローエ「シーグラムビル」1958

表とする、ミースの鉄骨とガラスによる超高層ビルは、ディテールにおいてわずかな違いを見せながらも、ほとんど同じかたちを反復している。ガラスのカーテンウォールで覆われたその直方体のデザインは、「ユニヴァーサル・スペース（普遍空間）」や「レス・イズ・モア（少なければ少ないほどよい）」といった言葉とともに、ミースの建築、建築思想を象徴するものとなった。

こうした巨匠たちの変化した作風の影響を背景に生まれた戦後の重要な動向としては、イギリスで一九五〇年代に展開されたニュー・ブルータリズムがある。煉瓦造りの倉庫建築などを参照対象として、素材に対する忠実さを追求したスミッソン夫妻のハンスタントン中学校（一九五四）や、ジェームズ・スターリングとジェームズ・ゴーワンによるレスター大学工学部棟（一九五九）がその代表である。

モダニズム建築の動向は日本にも同時代的に取り入れられた。一九二〇年には堀口捨己、山田守らがウィーン分離派の影響を受けた分離派建築会を結成している。実作としては、山田が一九二五年に建てた東京中央電信局がある。一九三〇年代には前川國男や坂倉準三がコルビュジエのもとで働き、坂倉は一九三七年のパリ万国博覧会日本館の設計でグランプリを獲得した。前川のもとにいた丹下健三は一九四九年に広島平和記念公園の競技設計で優勝し、一九五五年にこれを完成させている。丹下は、香川県庁舎（一九五八）、倉敷市庁舎（一九六〇）といった作品を経て、一九六四年の代々木国立競技場により、世界的な評価を高めた。

モダニズムの回帰

このような戦後の動向を見ても、かつてインターナショナル・スタイルとしてひと括りにされたような同質性は、巨匠やその影響を受けた建築家たちの間からはむしろ失われていた。しかしその一方では、たとえばミースの高層ビルをはじめとするモダニズムの建築表現が、企業の望む建築の標準的形態を体現するものとして、世界中で模倣・反復されていった。それは実質的な合理性や機能性において以上に、合理性や機能性の象徴として普及したのである。

スミッソン夫妻
ピーター・スミッソン
1923-2003
Smithson, Peter
アリソン・スミッソン
1928-1993
Smithson, Alison

ジェームズ・スターリング
1926-1992
Stirling, James

ジェームズ・ゴーワン
1923-
Gowan, James

堀口捨己
1895-1984
ほりぐち・すてみ

山田守
1894-1966
やまだ・まもる

前川國男
1905-1986
まえかわ・くにお

坂倉準三
1901-1969
さかくら・じゅんぞう

丹下健三
1913-2005
たんげ・けんぞう

このような状況に対し、モダニズム建築の教条化を批判する動きが一九六〇年代に、世界各地で起こることになる。それは「建築」という概念を問い直すさまざまな試みを生んだ。オーストリアのハンス・ホライン、イギリスのアーキグラム・グループ、イタリアのスーパースタジオなどに代表されるこうした動向を、磯崎新は「建築の解体」と呼んだ。他方では、モダニズムが訣別した伝統的な様式や装飾の復権や、モダニズムのエリート主義的でコスモポリタニズム的な美学に対するアンチテーゼとしての、各地域の大衆文化に固有の象徴性の回復が、アメリカのロバート・ヴェンチューリらによって唱えられた。このようなモダニズム批判の流れは、一九七七年に批評家チャールズ・ジェンクスによって「ポストモダニズム」と総称されることになる。

建築におけるモダニズムはつねに技術との格闘の中にあった。テクノロジーによって建築形態が一義的に決定されてしまうならば、建築家によるデザインの余地はない。この葛藤の緊張をもっともよく示しているのが、もはやいかなるデザイン的表現もほとんど放棄したかのように見えるミースの超高層ビル群であろう。このような緊張関係は、しかし、建築につねにつきまとうものである。ポストモダニズムによる批判を経て、モダニズムはいまだ、こうした技術と建築デザインの関係や、社会における建築のあり方を繰り返し問い直すための重要な手がかりをなす伝統であることをやめてはいない。

ハンス・ホライン
1934-
Hollein, Hans

磯崎新
1931-
いそざき・あらた

ロバート・ヴェンチューリ
1925-
Venturi, Robert

参考文献

マンフレッド・タフーリ、フランチェスコ・ダル・コ『近代建築』一、二（図説世界建築史一五巻、一六巻）、片木篤訳、本の友社、二〇〇二〜二〇〇三年。
ケネス・フランプトン『現代建築史』、中村敏男訳、青土社、二〇〇三年。

『二〇世紀建築研究』、二〇世紀建築研究編集委員会編、ＩＮＡＸ出版、一九九八年。

レオナルド・ベネヴォロ『近代建築の歴史』、武藤章訳、鹿島出版会、二〇〇四年。

ヴィットリオ・Ｍ・ラムプニャーニ『現代建築の潮流』、川向正人訳、鹿島出版会、一九八五年。

熊倉洋介ほか『カラー版　西洋建築様式史』、美術出版社、一九九五年。

田中純『残像のなかの建築――モダニズムの〈終わり〉に』、未來社、一九九五年。

おわりに　モダニズムの展望

柏木博

近代デザインへの批判

近代主義（モダニズム）あるいは近代への急進的批判が広がったのは一九六〇年代のことである。それは、六〇年代末に起こった対抗文化運動と連動していた。それは、文化のメインストリームに対する対抗という位置を持つと同時に、自らの生活環境を構成してきた近代主義に対する批判を含んでいた。デザインの領域では、近代主義批判とともに、過剰な消費社会に結びついたデザインへの批判が広がった。

近代主義の結果としてある都市や住まいやさまざまな生活装置は、みずからの存在の根拠とはならなかったのではないかという、きわめて存在論的な問いをそれらは前提としていた。また、近代主義によって構成された生活環境や消費社会から疎外されてしまっているのではないかという問いを含んでいた。

とはいえ、批判されるべき近代あるいは近代主義がいったいどのようなものであったのかということは、明確にされていたわけではない。つまり、近代の近代性とはいったい何かということが明確にされていたわけではない。むしろ、近代主義批判が行なわれたこの時代に、近代の近代性とは何かと問うことがあらたに始まったといっていい。したがって、近代主義批判と近代主義への問いは相互にかかわりながら広がっていった。

もっとも素朴な問いとしては、より良い環境を実現すべく実践されてきたはずのデザインが、結果としてわたしたちの生活を危機的なものとしたのではないかという問いである。たとえば、金属や硝子やコンクリートそしてプラスチックを使ったわたしたちの生活環境は、けして安全ばかりとはいえない。高速度の移動装置は日々多数の死者を出している。また、それらの多くは大気を汚染しわたしたちの健康を害している。こうした事柄は現在にいたるまで解決されないまま持ち越されている。そうした問題に対して素朴ではあるけれど批判的な目がむけられた。

今日においても、そうした批判はかたちを変えながら素朴な「感覚」あるいは「気分」として存在している。たとえば、過剰な消費への嫌悪や節約への美意識といった感覚である。

また、一九六〇年代には、近代デザインを象徴する事例としてバウハウスのデザインにも批判的な目がむけられた。批判の対象となったバウハウスとは、その理念に「機械的合理主義」を持っているからだというのが、この時代におけるバウハウス批判の一般的な視点であった。もちろん、バウハウスが機械的合理主義のみに理念を置いていたわけではなく、むしろ奇妙な思考を内包していたものであることが、現在ではわかってきている。また、ヴァイマール時代のバウハウスは、むしろアーツ・アンド・クラフツ的な要素が強かった。しかし、六〇年代後半から七〇年代にかけてのバウハウスに対する批判は、機械的合理主義の象徴としてのバウハウスであった。その批判の根拠はきわめて素朴なものであり、機械的な規範によって生み出されたものが有機的な生命体である人間や自然をコントロールすることは、人や自然を機械的規範に取り込んでしまうことになりはしないかといったものであった。したがって、この批判は、言い換えれば巨大テクノロジーの支配に対する批判であったともいえるだろう。

現在でも問題になりうるのは、バウハウスは、わたしたちの生活環境を普遍的（ユニヴァーサル）なデザインによって構成しようとする思考を持っていた点であろう。このことは、バウハウスにかぎらず二〇世紀のデザインの思考の多くが持っていたことであることはすでにふれたとおりだ。

脱工業社会への議論

ちなみに、一九六〇年代におけるアンリ・ルフェーブル（＊1）による近代批判は、ポストインダストリアル・ソサエティ（脱工業社会あるいは脱産業社会)という方向性を示しており、それは七〇年代末から八〇年代に広がる「ポストモダン(脱近代)」の議論を先取る視点を内包していた。

ルフェーブルは、モデル化された計画を工業主義的な思考として批判する。たとえば、近代は、当初から人々をある一定のモデルによって組織的に管理し計画(デザイン)することを目指した。近代的な軍隊から工場あるいはオフィスなど組織のいたるところにそのことが見られる。規格化されたユニフォームから道具や家具のデザインにも、そのことが反映されている。

しかし、他方では近代が生み出した消費社会は、「消費の民主化」によって人々を個人主義化させるという矛盾を含んでいた。それらは、いずれも人々を疎外してしまう。しかし、それに嘆いて前近代への回帰を主張することは問題の解決にならない。むしろ、たえまなくそうした日常性へと批判的に接近する必要がある。たとえば、近代的計画(デザイン)の論理に依拠した近代が生み出したアトム化(たとえば個人むけ家電製品や携帯電話などのデザインはアトム化する個人とかかわっている)と超組織化という現象に対しては、真剣に目をむけ批判的に検討するべきである。そうすることによって、近代主義の論理を超えていく可能性を内包しているのだとルフェーブルは提起していた。

にもかかわらず、近代批判の多くはそれらを素朴に否定して回避し、古典的な人間関係に回帰しようとするメンタリティを持っていたということだ。このメンタリティは、今日においてもわたしたちの中に深く浸透している。ルフェーブルは、そのメンタリティそのものが工業主義的モダニズムに繋がっているのだと感じていた。

ルフェーブルにかぎらず、そうした視点を持った、同時代のデザインに関する議論はすでにポストモダンを先取っていたといえる。しかし、結果からいえば、そうした議論とはさほど繋がることなく、七〇年代末から八〇年代のポストモダン論は広がっていくことになった。(*2)

八〇年代のポストモダン・デザイン

一九八〇年代に広がったポストモダンと呼ばれたデザインは、たしかに、近代デザインの規範から逸脱したものであった。

たとえば、ミラノのデザイナーのグループ・メンフィスやスタジオ・アルキミアに代表されたデザインは、そうした中でも世界的に影響力を持った。それらのデザインは、機能や形態の意味を問題にするのではなく、デザインを記号として捉え、差異的なメッセージを次々に送り出すことにアクセントを置いていた。それは、近代デザインの均質性や形態的抽象性あるいは機能性や使用性といったユニヴァーサルな特性がかならずしも正当なデザインの根拠とはならないことが意識されたことの現れであった。当時、彼らのデザインを受け入れた日本の市場には差異そのものを目的化した商品が氾濫し、過剰な記号の消費が広がっていった。たとえば、膨大な数のヘッドホン・ステレオが、それぞれデザインの違いを見せて店頭に並べられていた。

八〇年代に急速に浸透したコンピュータは、デザインを情報として処理することを可能にし、デザインのデータベース化を可能にするとともに、いわゆる「少量多品種型」の生産を実現した。また、グラフィックデザインの領域においても、すべての要素を記号化し、情報として処理することを可能にした。さらに、電子テクノロジーは、デザインの方法論を変化させただけでなく、家電製品や自動車などあらゆる日用品のあり方を根底から変えてしまった。少量多品種が可能になった状況の中では、大量生産のための規格化されたデザインではなく、差異を明確に見せるデザインが市場から要望されることになる。ポストモダンと呼ばれたデザインはそうした要望に見合うものであった。

また、同時代の異常なバブル経済の高揚を背景にして、ミラノ、パリ、ロンドン、ニューヨークから東京へとやってきたデザイナーの手による、商業施設のインテリアデザインや商品のデザインがあふれていった。そうしたデザインが広がった東京のような都市は、まさにどこにも「中心のない文化」といった光景が出現した。つまり、氾濫する表層的な記号の差異。そうした光景がわたしたちの日常となった。

とりわけ日本の八〇年代の過剰消費社会は、円高、低金利、土地の高騰などが絡み合って偶然といっていいような経済的な好況を背景にしていた。と同時に、他方ではあらたなテクノロジーの浸透を背景にしていた。コンピュータを中心とした電子テクノロジーの浸透と、それにともなう情報の高速処理と世界的広がりによって、世界的な規模で経済＝政治が変化した。形骸化したイデオロギー闘争もまたそれによって終焉することになる。それは、ソヴィエトやベルリンの壁の崩壊を引き起こした。

社会や環境を秩序づける近代のユニヴァーサルな論理が、けしてすべての根拠になるものではないということは誰の目にもあきらかなものになった。たとえば、現代思想の新しい動向も、新しい清涼飲料の出現も、また新しいデザインも、いずれもひとしく情報としては「新しい」ということでは同等であり、そこには価値の階層性はなくなる。階層性のないきわめて「フラット」な環境が進行する。

電子テクノロジー、電子メディアが生み出した電子情報を背景にした資本主義的状況の中では、芸術も、専門的知識も情報＝貨幣（情報もマネーも同じ回路を流れる）のネットワークに組織され交換される。

こうした八〇年代のバブル経済の中で広がったポストモダンの状況は、近代の論理の希薄化あるいは消失ということにおいてたしかにポストモダンではあったが、六〇年代後半から七〇年代に展開された近代批判とは異なり、過剰消費の現状を肯定するばかりの結果に終わった。

現在におけるモダニズムの位置

たとえば、ユニヴァーサリズム（普遍主義）、あるいは時としてインターナショナリズムとも呼ばれるデザインのあり方は、近代デザインの掲げた問題へのひとつの回答であった。それはヨーロッパであれアジアであれアメリカであれ、どこにおいても成立するデザインという意図を持っている。「どのような場所でも」ということに加えて「誰にも」あるいは「誰もが等しく」ということ、つまり、地域、民族、宗教、言語、性差を越えて成立するということが、近代デザイン（近代）のひとつの根拠となってきた。これは都市のデザインから建築、そして日用品にいたるまで同じ論理で展開された。

市場のシステムと補完的な関係を持ちながら、近代のユニヴァーサリズムがいたるところに拡大していった特徴的な場所のひとつがアメリカである。二〇世紀を支配することになったフォードの生産システムをはじめとして、建築から都市にいたるまでのグリッド計画、さらにはハンバーガーからフライドチキンにいたるまで、食品すら工業デザインの対象とし、大量生産によってコスト低下させる。それらのどの製品をとっても均質である。こうしたデザインがアメリカにおける、そして多くの産業社会における、「どのような場所でも」、「誰にも」あるいは「誰もが等しく」ということの具体的な結果であった。バウハウスですらフォードのシステムを意識していた。いや、さらにいえば、一九三〇年代に相互に対立することになるロシアの社会主義もバウハウスを閉鎖に追いやったファシズムも、イデオロギーの対立を超えて、それぞれのフォードシステムを確立しようとしていたのである。

しかし、近代デザインが解決しようとした貧困やさまざまな差別、そして闘争はいまだになくなってはいない。ホームレス、孤独な老人、戦争、人種や性の差別。近代が生んだ問題を近代デザインは解決できなかった。貧困に関していえば、それは減少するどころか今日、ますます増大している。

モダニズムの政治的位置は微妙である。一九三〇年代、ドイツ・ファシズムはバウハウスに代表されるインターナショナルなモダニズムを拒絶した。デヴィド・ハーヴェイも《ファシズムによって公然と拒絶された国際的モダニズム》(＊3)と述べている。

とはいえ、イタリアでは、ムッソリーニが旧権力への牽制として、バウハウス的なモダニズムを利用しようとした。日本の翼賛体制は、モダニズムの工業的合理主義を、戦争を前提に産業合理化、生活合理化、生産性向上に結びつけて受け入れた。同じモダニズムは《アメリカにおいては「より広範かつ抽象的に定義づけられた文化と混同された」。やっかいなことに、国際的モダニズムは、(シュールレアリスム、構成主義、社会主義リアリズムを通して)一九三〇年代に伝道者的でさえあるといっていいほどに、熱烈な社会主義的傾向を帯びるようになった》(＊4)とハーヴェイは指摘している。インターナショナルなあるいは普遍性を求めたモダニズムは、政治的にはきわめて微妙な位置づけを持たされたのである。それは地と図の関係によって変化する図形にも似ているといえよう。モダニズムは、あらたな環境(近代)を計画するプロジェクトだったからである。だからこそ、近代の市場経済が生み出してしまった貧困や差別を解決しようとしていたのである。したがって、それはハーヴェイが指摘しているように、時としてきわめて社会主義的な動きを見せたのである。とはいえ、そのプロジェクトは問題を解決することができなかった。

実務的な現実としていえば、特定の産業社会においては、大量生産のシステムは、もちろん人々に家電やクルマなどさまざまなものを広く浸透させた。それによって「大衆」という存在を生み出したともいえる。しかし他方では、すでに見たように、モダニズムの工業的管理システムと計画は、産業社会にあってどれほど人々の存在を疎外してきたか。

モダニズムそして近代デザインのプロジェクトは、たしかに二〇世紀のわたしたちの生活環境を構成した。そのわたしたちの生活環境は、モダニズムの政治的位置づけが微妙であり、地と図の関係によって異なってしまうように、肯定的にも否定的にも見ることが可能である。しかしながら、評価にかかわるそうした複雑な状況とは別に、結果としてモダニズムの計画(デザイン)の理念は、電子テクノロジーによって時間的にも空間的にも高速度化とグローバル化した状況(ポストモダンな状況)の中で、正当なるモダニズム批判とはかかわらず、それを支える枠組みがなし崩しになってしまったのである。それが、八〇年代のポストモダン状況だった。

モダニズムの再検討

二〇世紀を終えた現在、八〇年代にポストモダン(脱近代)状況を肯定した人々の多くが、ポストモダンとは一過的なファッションでしかなかったとして忘れ去ろうとしている。しかし、モダニズムへの批判とその検討を超えて、現実の環境は、かつてのポストモダンな状況とは比較にならないほどまさにポストモダン化している。つまり、近代の論理はまるで大気に揮発するかのように薄くなってしまっているのである。

たとえば、すでにふれたように、近代社会は、人工的に集団や社会を形成し、そこに一定の規範を設けてきたが、結果とすれば消費社会は、集団主義を崩壊させ、少なくとも消費への欲望を個人化させ人々をアトム化させてきた。ポータブル型のトランジスタラジオから始まり、現在の携帯電話やパーソナル・コンピュータにいたるまで、わたしたちの社会は個人使用型のデザインを次々に実現してきた。そうした個人使用のデザインが、そのまま集団や社会を解体させたということにはならないが、人々がアトム化する傾向を促進する条件を整えていったといえるだろう。また、携帯電話やパソコンは、それまでの近代社会を支えてきた規範あるいは約束事をほとんど無効にしてしまうようなコミュニケーションを生み出した。電子的ネットワークの中では、本人すら気づかないうちに批判がなされたりする。

近代的なメディアにおけるコミュニケーションでは、批判はそれへの反論を前提になされる。それは暗黙の約束事であった。しかし、反論を前提にしない批判は、当事者との議論をまったく前提にしないコミュニケーションとなっている。かつては、こうしたことはコミュニケーションとは捉えなかった。これは、ほんのわずかな例でしかない。

近代デザインはさまざまな面において、その根拠が揺らぎ、またその当初から困難を抱えてきた。それは、近代そのものの問題でもあるといっていいだろう。こうした困難や問題とは、あえてたとえていえば、あらゆるシステムには、当初からバグが含まれており、そのバグがやがてシステムそのものを突き崩してしまうといったことと似ている。

現在、わたしたちの環境は、一九八〇年代に語られた状況以上に、ポストモダンな状況の特徴が露わになっている。近代が準拠した論理の正当性にかかわる大きな物語が信憑性を喪失したのちには、いわばシステムの原理だけが稼働している。つまり「システムの効率的運用」だけが重要視されているのである。

たとえば市場経済のシステムをいかに効率よく運営するかということをめぐってエネルギーが投入される。そのひとつの結果として、実質的な生産物とはかかわりのない金融の駆け引きが世界を駆けめぐる。そして、その中心に、世界の基軸通貨をコントロールするアメリカが位置する。アメリカナイゼーションとグローバリゼーションの重なり合いの一面がそこにも現れる。

システムの効率的運用という原理の中では、あらゆる知識は交換の対象として平準化される。すでにふれたように、知識に関する階層性はそこでは成り立たない。知識も情報として、貨幣と同じ回路を通して市場で交換される。ロンドンやニューヨークのどこのレストランで、いま、何がいちばん流行しているメニューなのかという知識(情報)と、現代思想の知識の間には何の階層性もなく、同じ知識として市場で交換される。DNAの情報解読のための科学と情報は、資本によってあからさまに市場のゲームの対象になる。七〇年代には、フランスでも日本でも「産学協同」が批判されたが、今日では、誰も批判する者はいない。それは積極的に推進されている。こうした現象も、同じシステムの効率原理から出ている。こうした事態への要因は、近代そのものの中に当初から埋め込まれていたといえる。

もちろん、こうした事態は、もちろん悪い面ばかりではない。知識の平準化は、知の多様性を受け入れ、知的抑圧を解消する可能性を持っている。古い人文的な枠組みから知は解放され、自由に扱うことができる。同様に、社会における個人の平準化は、家族内の全体主義(集団主義)すらも解体する傾向をもたらした。すべての道具や装置が個人むけにデザインされたことは、そうした事態と重なり合っている。

近代デザインのプロジェクトは、今日ではほとんど忘れ去られている。それは理想的生活や環境へのプロジェクトとしてあった。それらが忘れ去られた現在では、デザインは、「市場システム」のゲームとして展開されたり、あるいは、どうせ捨てられるものとして「とりあえず」使うものとしてデザインされている。

そうした現状ではあるが、すでにふれたように、近代的計画(デザイン)の論理が依拠する近代が生み出したアトム化と超組織化という現象に対しては、真剣に目をむけ批判的に検討するべきであると、ルフェーブルは提案していた。わたしたちは、そうした近代デザインの生み出したさまざまな問題に立ち返って真剣に検討すべきだろう。

つまり、近代デザインが抱えた矛盾や困難を捨て去るのではなく、矛盾や困難を歴史的に検討するとともに、モダンデザインのいわばリサイクルを試みることの可能性をも検討すべきだろう。多様性とは、そうした可能性をも含むということである。

モダンデザインの困難や問題とは、あえてたとえていえば、あらゆるシステムには、当初からバグが含まれており、そのバグがやがてシステムそのものを突き崩してしまうといったことと似ているといえるかもしれないとさきに述べた。このアナロジーはどこまで使えるだろうか。コンピュータのソフト(システム)のことを想起してみよう。わたしたちは、バグによって障害が起こったシステムをただちに捨て去るのではなく、バグを処理し、あらたなバージョンにし、システムを延命させようとする。それは、システムのいわば再解釈(バージョンアップ)による可能性を探ることである。

少なくとも、わたしたちは、デザインは多様な生活のモデルを提示することが可能であることを、歴史的に学んだ。したがって、デザインの一元化、価値の一元化を避けるべきだろう。価値の一元化こそ不寛容なモダニズムを生み出したはずだ。

註・参考文献

1 アンリー・ルフェーヴル『日常生活批判　序説』、田中仁彦訳、現代思想社、一九六八年。
アンリー・ルフェーヴル『日常生活批判　第一』、奥山秀美ほか訳、現代思潮社、一九六九年。
アンリー・ルフェーヴル『日常生活批判　第二』、奥山秀美訳、現代思潮社、一九七〇年。、
アンリー・ルフェーヴル『空間の生産』、斎藤日出治訳・解説、青木書店、二〇〇〇年
アンリー・ルフェーヴル『都市革命』、今井成美訳、晶文社、一九七四年。
（アンリー・ルフェーブル　1901-1991　Lefebvre, Henri）

2 ここでの議論は、多くを柏木博『モダンデザイン批判』、岩波書店、二〇〇二年によっている。

3 デヴィド・ハーヴェイ『ポストモダニティの条件』、吉原直樹訳、青木書店、一九九九年。
（デヴィド・ハーヴェイ　1935-　Harvey, David）

4 前掲書。

クレジット一覧

1章 - 2
◉ハーバート・バイヤー「ユニヴァーサル・タイプフェイス」
©BILD-KUNST, Bonn&APG-Japan / JAA,Tokyo,2005

2章
◉ジョン・ハートフィールド『デア・ダダ』誌3号
©The Heartfield Community of Heirs / VG Bild-Kunst,Bonn&APG-Japan,2005
◉ステンベルク兄弟『カメラをもった男』映画ポスター
©Vladimir Stenberg / RAO, Moscow / SPDA, Tokyo, 2005
◉A・M・カッサンドル「ノルマンディー号」ポスター
©MOURON. CASSANDRE. All rights reservd / SPDA, Tokyo, 2005

3章
◉アウグスティヌス『エンキリディオン』の写本
19915FF. 45v-46 "This item is reproduced by permission of The Huntington Library, San Marino, California"
◉ラースロー・モホリ=ナギ『絵画・写真・映画』、『大都市のダイナミズム』映画台本
©BILD-KUNST, Bonn&APG-Japan / JAA, Tokyo, 2005

4章
◉ポール・ポワレ「Dress with train」
Les Arts décoratifs Musée de la Mode et du Textile, Paris
Photo Laurent Sully Jaulmes.Tous droits réservés
◉クリスチャン・ディオール「ニュー・ルック」
京都服飾文化財団所蔵、ウィリー・メイヤー撮影

5章
◉アルヴァ・アアルト「アームチェア No.400」
Photo Maija Holma / Alvar Aalto Museum
◉トーネ・ヴィーゲラン「ネックレス」
©BONO, Oslo & APG-Japan/JAA, Tokyo, 2005

6章
◉フランク・ロイド・ライト「カウフマン邸」
©G.E. Kidder Smith/CORBIS / Corbis Japan
◉ミース・ファン・デル・ローエ「シーグラムビル」
©Bettmann / CORBIS / Corbis Japan

写真提供（掲載順）

慶應義塾図書館
武蔵野美術大学美術資料図書館
ミサワホーム株式会社　ミサワバウハウスコレクション
日本デザインコミッティー
ギンザ・グラフィック・ギャラリー
文化学園ファッションリソースセンター
AP／ワイドワールドフォトズ
宇都宮美術館
Philippe Ruault
VOID＋FORM 建築設計事務所

編集協力（掲載順）

Oliver J. Tschichold
日本アイ・ビー・エム株式会社
杉浦康平事務所
株式会社マリークワント コスメチックス ジャパン
KENZO JAPAN
柳工業デザイン研究会
株式会社里文出版
松藤庄平
財団法人　工芸財団

に

の

は

ひ

ふ

へ

ほ

ま

こ

さ

し

す

せ

そ

た

ち

つ

て

と

な

人名索引

樋田豊郎（ひだ・とよろう）

1950年東京都生まれ。秋田公立美術工芸短期大学学長。近代デザイン工芸史。著書に『日本文様図集　明治の輸出工芸図案』（京都書院）、『工芸の領分──工芸には生活感情が封印されている』（中央公論美術出版）、『工芸家「伝統」の生産者』（美学出版）など。

橋本優子（はしもと・ゆうこ）

1963年東京都生まれ。宇都宮美術館主任学芸員。京都工芸繊維大学大学院修了。近・現代デザイン史、生活文化史、デザイン鑑賞教育。著書に『宇都宮美術館デザイン・キット deli.』。共著に『カラー版日本デザイン史』（美術出版社）、『アーツ・アンド・クラフツと日本』（思文閣出版）、おもな展覧会に「香りのデザイン」（2001）、「クリストファー・ドレッサーと日本」（2002）、「職人であり続けたオランダ人デザイナー、リートフェルトのイスと家」（2004）など。日本建築学会、日本デザイン学会、日本インダストリアルデザイナー協会会員。

田中純（たなか・じゅん）

1960年宮城県生まれ。東京大学大学院総合文化研究科教授。表象文化論。著書に『建築のエロティシズム』（平凡社新書）、『イメージの自然史』（羽鳥書店）、『政治の美学』（毎日出版文化賞受賞、東京大学出版会）、『都市の詩学』（芸術選奨文部科学大臣新人賞受賞、東京大学出版会）、『死者たちの都市へ』（青土社）、『アビ・ヴァールブルク　記憶の迷宮』（サントリー学芸賞受賞、青土社）、『ミース・ファン・デル・ローエの戦場』（彰国社）、『都市表象分析Ｉ』（INAX出版）、『残像のなかの建築』（未來社）など。

著者紹介（掲載順）

柏木博（かしわぎ・ひろし）

1946年神戸市生まれ。武蔵野美術大学名誉教授。The Honorary Fellowship of the Royal College of Art (RCA),UK.

思想理論を基盤とし、具体的なもののデザインを通して、都市、メディア、テクノロジー批評など幅広く論じる。

おもな著書に『デザインの20世紀』『ファッションの20世紀』（NHK出版）、『肖像のなかの権力』『「しきり」の文化論』（講談社）、『ユートピアの夢　20世紀の未来像』（未來社）、『色彩のヒント』（平凡社）、『20世紀はどのようにデザインされたか』『日用品のデザインの思想』（晶文社）、『芸術の複製技術時代』『日用品の文化誌』『モダンデザイン批判』『家事の政治学』『視覚の生命力』（岩波書店）ほか多数。

今井美樹（いまい・みき）

大阪工業大学工学部空間デザイン学科准教授。京都工芸繊維大学大学院修士課程修了。デザイン事務所、美術館学芸員を経て、2004年よりフリーランスとして企画コーディネイト、調査研究、編集・デザインなどを手がける。共著に『デザインの力』（晃洋書房、2010）、『近代工芸運動とデザイン史』（思文閣出版、2008）、『ウィリアム・モリス展』図録（梧桐書院、2005）、『チャールズ&レイ・イームズ展』図録（読売新聞社、2004）など。おもな展覧会に「インゴ・マウラー展」（2006）、「美術館に行こう！」（2005）、「ディック・ブルーナ展」（2003）など。

奥定泰之（おくさだ・やすゆき）

1970年愛媛県生まれ。グラフィックデザイナー。株式会社オクサダデザイン代表。創形美術学校、早稲田大学講師。現在はブックデザインを中心に活動する。第2回竹尾賞優秀賞受賞。第40回、第46回造本装幀コンクール入賞。共著として『感性と社会』（論創社）がある。主なデザインの仕事として『吉原幸子全詩』（思潮社）、『新 怖い絵（角川書店）、『ヘルダーリン全集』（河出書房新社）、『Stay Gold』（Omoplata）、「講談社選書メチエ」シリーズ（講談社）などのブックデザインがある。また『早稲田文学』（筑摩書房）、『GRANTA Japan』（早川書房）などの雑誌のアートディレクターをつとめるほか、武田陽介展「Stay Gold: Color Proof」展示設計、石田瑞穂個展「言の繭、音の寺」展示設計、雑誌『NEUT.006』『アイデア 328』への参加など、その活動は多岐にわたる。

井上雅人（いのうえ・まさひと）

1974年東京都生まれ。武庫川女子大学生活環境学部准教授。文化服装学院卒業。東京大学大学院修了。著書に『洋服と日本人 国民服というモード』（廣済堂出版）、『洋裁文化と日本のファッション』（青弓社）、『ファッションの哲学』（ミネルヴァ書房）。共編に『デザインの瞬間』（角川書店）。共訳に『ファッションと身体』（日本経済評論社）。共著に『モードと身体』（角川学芸出版）、『現代写真のリアリティ』（角川書店）、『社会情報学ハンドブック』（東京大学出版会）、『衣と風俗の100年』（ドメス出版）など。

近代デザイン史

二〇〇六年四月 一 日　初版第一刷発行
二〇二〇年一一月五日　初版第六刷発行

監修　柏木博

著者　柏木博＋今井美樹＋奥定泰之＋井上雅人＋
樋田豊郎＋橋本優子＋田中純

編集・制作　株式会社武蔵野美術大学出版局

表紙デザイン　白尾デザイン事務所
本文デザイン　肴倉睦子
著作権処理協力　アートモール

発行所　株式会社武蔵野美術大学出版局
〒一八〇-八五六六
東京都武蔵野市吉祥寺東町三-三-七
電話　〇四二二-二三-〇八一〇

印刷・製本　株式会社精興社

ISBN978-4-901631-70-9 C3070